AF307307

LE PROCÈS DE L'ATTAQUE TERRORISTE DE GRAND-BASSAM

Inédit dans le système judiciaire ivoirien

NAMIDJA TOURÉ

LE PROCÈS DE L'ATTAQUE TERRORISTE DE GRAND-BASSAM

Inédit dans le système judiciaire ivoirien

À la mémoire des personnes tuées de nationalités ivoirienne, française et autres

En soutien aux victimes des blessures physique et morale.

En hommage aux soldats ivoiriens tombés pour leur sacrifice.

PRÉFACE

Le Procès des présumés complices des terroristes auteurs de l'attaque de Grand-Bassam était un défi pour les magistrats ivoiriens. Plus de cinq ans après l'attaque terroriste barbare perpétrée par des ennemis de Dieu. C'est le premier procès du genre pour le système judiciaire ivoirien et ses acteurs. Les enquêtes diligentées par le Procureur de la République avec le concours des différents services de Police de la sous-région ont démontré le savoir-faire des polices africaines. Elles ont aussi révélé l'efficacité d'une franche collaboration entre les services des renseignements des polices de différents pays.

C'était un défi également pour l'État ivoirien qui s'efforce à bâtir un État de droit sur des institutions solides avec un système judiciaire réformé pour la cause. En effet, c'était la première fois que se tenait un procès sur une attaque terroriste. L'enjeu résidait ici dans la matérialisation de la compétence des institutions judiciaires ivoiriennes.

En outre, il s'agissait de faire la lumière sur un malheureux évènement. En effet, le dimanche 13 mars 2016, des individus débarquaient sur les plages de la ville balnéaire de Grand-Bassam et ouvraient le feu sur les personnes présentes. Dix-neuf personnes avaient été tuées et plusieurs autres avaient été blessées. Elles gardent les stigmates à vie. Au cours du procès qui s'était tenu du 30 novembre 2022 au 28 décembre 2022, il avait été constaté qu'en plus des blessures corporelles, les victimes étaient sujettes à des déchirures morale et psychologique. Des victimes sont encore sous le choc, traumatisées par l'attaque inédite et sanglante comme il avait été constaté au cours des audiences.

Ce qui était, jusqu'au 13 mars 2016, vu de loin par des millions d'Ivoiriens à travers les médias s'était déporté chez eux. Un pays pourtant réputé pour ses valeurs de quiétude de tolérance et pour sa laïcité prononcée. Quelle tragédie ! Le coup du marteau avait été porté par des extrémistes violents, par des incultes de la religion.

Leur volonté folle de nuire en faisant le maximum de victimes avait été, fort heureusement, stoppée par les « Gardiens de la République ». Dès les premières heures de l'attaque, les forces de défense et de sécurité dans leur mission régalienne s'étaient mobilisées pour partir à l'assaut des « marchands de la mort ». Par leur réactivité et leur savoir-faire, les éléments du Groupe d'Intervention de la Gendarmerie Nationale (GIGN), guidés par le Général Bassanté Aly, en collaboration avec l'Unité Delta des Forces Spéciales du Général Sékongo, freinèrent les criminels en les neutralisant. Une action héroïque des hussards de la République qui eût valeur de reconnaissance de la Nation.

Malencontreusement, des hommes avaient payé le tribut. Le Général Sékongo qui conduisait l'Unité Delta des Forces Spéciales fut blessé et trois de ses hommes furent tués. Ils sont tombés au champ d'honneur comme leur enseigne le code d'honneur des Forces Spéciales : « *La mission est sacrée et je dois l'exécuter même au péril de ma vie.* »

Ainsi, au péril de leurs vies, les soldats fauchés par les balles des terroristes avaient permis que le bien domine le mal, la raison l'emporte sur la passion et la tolérance sur l'extrémisme. Un dualisme dans lequel les terroristes avaient entraîné la République et les soldats. Le sacrifice n'a pas été vain. Honneur et Gloire à nos soldats.

En décidant d'immortaliser le procès de l'attaque terroriste de Grand-Bassam, l'auteur qui n'est pas à son premier essai s'engouffre dans le champ de la problématique sur le terrorisme. Quoique l'apanage de spécialistes, d'experts et de chercheurs, la lutte contre le terrorisme requière une collaboration entre les Forces de Sécurité et les populations.

L'auteur a déjà à son actif deux essais. « *Le Général Ouattara Thomas d'Aquin, l'homme qui avait une si noble idée de l'armée* » est un ouvrage de belle facture qui reconstitue le parcours peu connu de la formation de l'armée ivoirienne avec comme axe central la figure emblématique et tutélaire des forces armées de Côte d'Ivoire, le Général Ouattara Thomas d'Aquin. L'autre ouvrage paru en 2022, « *Côte d'Ivoire, Forces Spéciales, enjeux et perspectives* », dresse un état des lieux du Groupement des Forces Spéciales ivoiriennes après une décennie d'existence. Un passé récent jalonné de hauts et de bas dans un contexte socio politique assez rigide. Le tout sur fond de menace nouvelle.

« *Le procès de l'attaque terroriste de Grand-Bassam : Inédit dans le système judiciaire ivoirien* » est le troisième essai de Namidja Touré. Il s'inscrit dans la même dynamique des volets ; sécurité, défense et guerre asymétrique. Il nous plonge dans l'épicentre du temple de Thémis où les différents protagonistes étaient aux prises. Procureur et avocats des accusés s'opposaient, victimes et présumés terroristes se défiaient, où le Juge avait un but précis celui de situer les responsabilités des accusés, d'entendre les victimes, enfin de faire la lumière sur cet acte ignoble.

S.EM. Claude Sahi SOUMAHORO
Ambassadeur & Chef de cabinet du Président de la République de Côte d'Ivoire.

AVANT-PROPOS

Le 13 mars 2016, la Côte d'Ivoire fut secouée par un attentat terroriste. Ce jour-là rien ne présageait pareille situation tragique pour un pays connu pour sa quiétude. Ce dimanche était un jour assez particulier. C'était le jour de la célébration de la Pâques.

La Pâques chrétienne est célébrée avec faste en Côte d'Ivoire. Pâques symbolise la résurrection du prophète du christianisme, Jésus. « Pâques » ou encore « Paquinou », en référence à une définition in situ revêt un caractère sociologique dans l'espace « baoulé ». Parce que c'est un véritable moment de fraternité et de cohésion pour cette communauté ethnique du centre du pays. Durant cette période, il y a un vaste mouvement des populations vers les contrées du centre du pays. À Abidjan, ceux qui n'ont pas pu effectuer le déplacement se retrouvent dans certains endroits pour faire la fête.

À cette période de l'année, il fait également chaud. La température peut parfois tutoyer 38 degrés. La forte canicule est un prétexte idéal pour occuper les plages en bordure de mer. Parmi les lieux les plus prisés, on compte la ville de Grand-Bassam. Très réputée pour être une localité touristique de premier rang et de loisirs mais aussi pour ses bordures de mer calmes et attrayantes.

Le 13 mars 2016, toutes les conditions étaient donc réunies pour être sur une des plages de Grand-Bassam. Tôt le matin, les populations convergeaient vers les plages. Elles venaient de plusieurs communes du district d'Abidjan. Cette joie fut éphémère puisqu'à la mi-journée des individus s'étaient rendus sur les plages pour semer tristesse et désolation, en tirant et tuant des personnes. Un acte prémédité à coloration terroriste.

Ce 13 mars 2016, la Côte d'Ivoire faisait face à sa première attaque terroriste. En début d'après-midi alors que la célébration de la fête de la Pâques battait son plein, de nombreux appels téléphoniques à des proches faisaient état de tueries en cours à Grand-Bassam. Les réseaux sociaux numériques confirmaient le contenu des échanges téléphoniques entre habitants de Grand-Bassam et ceux d'Abidjan. Il s'agissait bel et bien de tueries en masse qui étaient en cours à Grand-Bassam, précisément sur les plages. Les premières publications faisant cas d'un braquage furent très vite balayées par des publications évoquant des tirs sur des fêtards. Les chaînes de télévision étrangère comme France 24, la radiodiffusion télévision ivoirienne (RTI) affichaient en bande rouge défilante l'attaque. La tension était palpable dans les espaces publics et les visages étaient crispés. Les médias informaient au fur et à mesure sur l'évolution de la situation.

Ledit jour, le Chef de l'État ivoirien Alassane OUATTARA se trouvait à Assinie dans sa résidence privée. Il y va très souvent pour des petits séjours et pour y passer les fêtes de fin d'année. En cette matinée, le président ivoirien Alassane OUATTARA s'y trouvait pour un repos favorisé par les fêtes de la Pâques. Selon plusieurs médias, il était informé en temps réel de la situation par les différents services.

Le ministre de l'Intérieur Feu Hamed BAKAYOKO était à l'étranger au moment de l'attaque. « Un avion avait été affrété pour le rapatrier alors qu'il se trouvait au Ghana. Quant au Chef de l'État la décision sera prise dans l'après-midi, alors que la route pour rejoindre Abidjan est bloquée, de l'exfiltrer par hélicoptère vers Abidjan. Le dispositif sécuritaire s'étant assuré de toutes les précautions. Alassane Ouattara atterrit sur le terrain de football de l'hôtel Eden Golf mitoyen à sa résidence officielle, à 16 heures 05 minutes. Il prit ensuite la direction du ministère de l'Intérieur où le centre des opérations et de crise avait été installé ». Comme le rapportait le journal Jeune Afrique. Le Chef de l'État y réunit alors un Conseil Interministériel de Lutte Contre le Terrorisme, avec Hamed BAKAYOKO qui avait regagné Abidjan. À leurs côtés, Alain DONWAHI, ministre de la Défense, Raymonde GOUDOU ministre de la Santé, Albert Toikeusse MABRI ministre des Affaires étrangères,

Kambile SANSAN, ministre de la Justice, ainsi que plusieurs membres du « Conseil national de sécurité ». Vers 18 heures, le Président de la république se rendit à Grand-Bassam en compagnie de certains membres du gouvernement comme entre autres les ministres Hamed BAKAYOKO, Albert Toikeusse MABRI, Affoussiata Bamba LAMINE et Marcel Amon TANOH (ministre directeur de cabinet à la Présidence). *« Le Chef de l'État y atterrit vers 18 heures 20 minutes et s'exprima alors publiquement et confirma un bilan de seize victimes ».*[1]

La manœuvre des Forces Spéciales permit de neutraliser les trois terroristes. Malheureusement, trois éléments des Forces Spéciales perdirent également la vie, le chef du Commando des Forces Spéciales fut blessé lors de l'assaut. Les terroristes suffisamment aguerris avaient riposté par des tirs nourris et des jets de grenades offensives. Le gouvernement ivoirien décréta trois jours de deuil national en hommage aux victimes. Pour la première fois le pays était confronté à une situation de crise à caractère terroriste.

Quatre ans après cette attaque meurtrière, le temps du procès avait enfin sonné avec des présumés accusés. C'était le fruit de longues enquêtes policières et judiciaires en Côte

---

[1] *Attentat à Grand-Bassam : le dimanche d'Alassane Ouattara – Jeune Afrique. Consulté le 20 mars 2023.*

d'Ivoire, et entre la Côte d'Ivoire et le Mali. Le travail minutieux qui avait été mené par la Commission spéciale d'enquête mise sur pied par le Chef de l'État ivoirien avait conduit à l'arrestation d'une dizaine de personnes sur le sol ivoirien et à l'inculpation de certains d'entre eux. Après cinq longues et difficiles années d'attente pour les victimes et leurs parents, le moment était venu de séparer la bonne graine de l'ivraie. Même si les tristes évènements n'avaient complètement disparu des esprits, ils étaient de moins en moins présents dans l'espace ivoirien. Le 13 mars 2022, jour d'anniversaire de l'attaque était passé presque inaperçu. C'est dans l'ADN des Ivoiriens ils sont fantaisistes et reconnus pour leur joie de vivre. Cette première attaque serait, comme beaucoup d'autres affaires, restée sans suite. Pourtant, les autorités ivoiriennes ne pouvaient laisser comme lettre morte cette attaque terroriste, la première contre la Côte d'Ivoire. Elles avaient porté la situation. D'ailleurs, le Chef de l'État avait annoncé les couleurs dès les premiers instants après l'attaque. Il avait écarté toute impunité. « *Ces attaques lâches de terroristes ne seront pas tolérées en Côte d'Ivoire* », avait-il renchéri. On peut le dire, le Chef de l'État Alassane Ouattara aura tenu parole.

En plus de faire la lumière sur cette affaire macabre, cette attaque aura permis de démontrer le savoir-faire des militaires, gendarmes et policiers ivoiriens. Il s'agit particulièrement des Unités spécialisées des Forces Spéciales et de l'Unité d'Intervention de la Gendarmerie Nationale (UIGN). Au prix de leurs vies, ils lancèrent l'assaut et neutralisèrent les terroristes qui avaient pourtant l'avantage du terrain. La réactivité et le courage des forces de défense et de sécurité ivoiriennes permirent de sauver plusieurs vies. Cette opération, loin des exercices et des entraînements dont ils avaient l'habitude, avait mis à rude épreuve leurs capacités et leurs aptitudes.

En tout état de cause, les questions qui résonnaient en chaque Ivoirien étaient communes. Comment cette attaque avait-elle été possible ? La Côte d'Ivoire qui se remettait d'une longue crise armée vivait-elle une nouvelle crise ? Les chiffres avancés en matière de niveau de sécurité par les autorités sécuritaires qui étaient comparables à l'indice sécurité des pays comme la Suisse étaient-ils faux ? Qui étaient ces hommes ? Avaient-ils bénéficié de complicité en interne ? Autant d'interrogations qui trouveront certainement une réponse à travers ce Procès. Nous y voilà. Enfin !

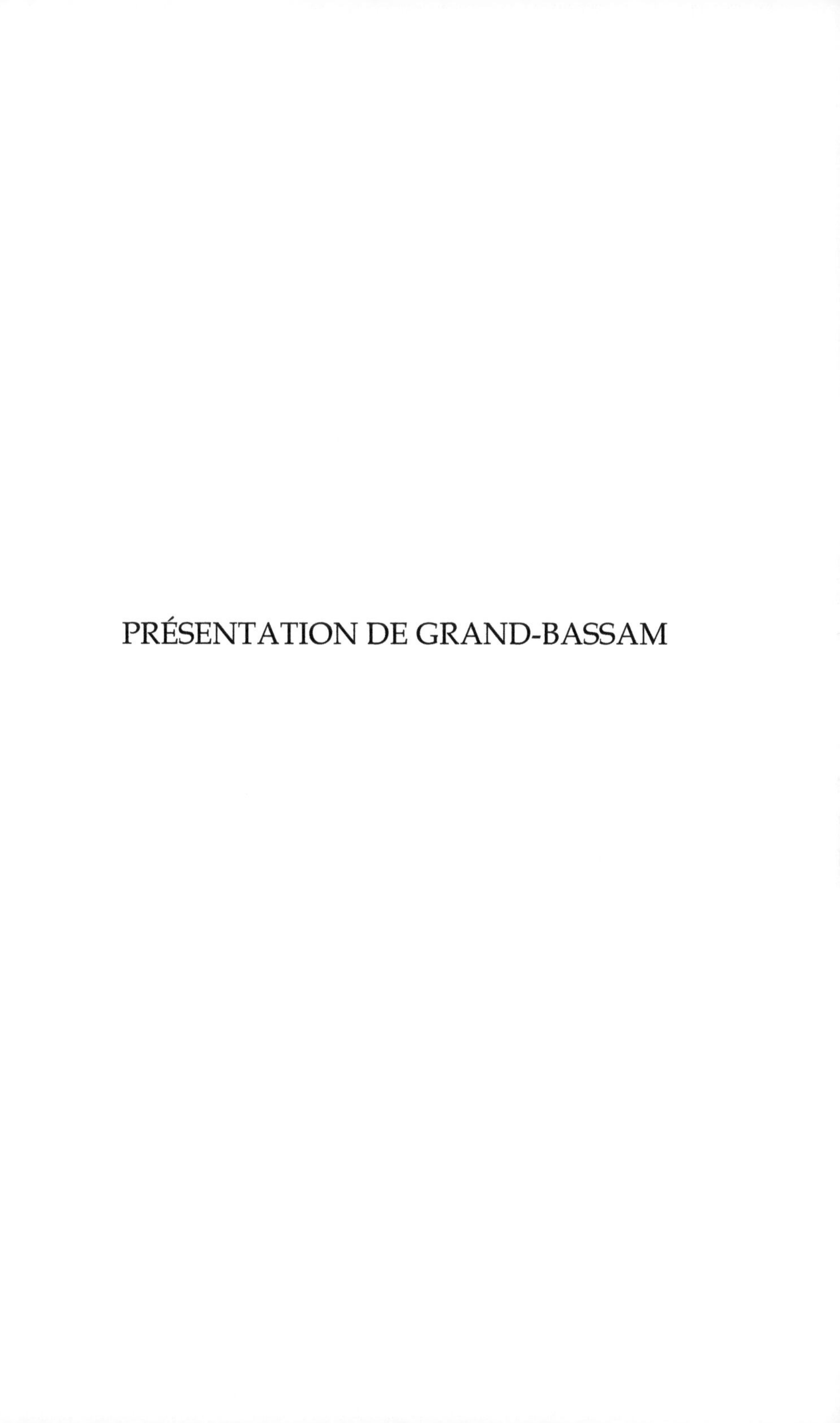# PRÉSENTATION DE GRAND-BASSAM

I. Présentation de la ville de Grand-Bassam

Les attaques sur les plages de Grand-Bassam, le 13 mars 2016 marquaient ainsi le début d'une série d'attaques meurtrières contre la Côte d'Ivoire. Et les attaques de Grand-Bassam à caractère terroriste marquent en effet l'intrusion du terrorisme sur le sol ivoirien.

Ce 13 mars 2016 à cette période de l'année, la canicule est sans état d'âme pour les millions d'Abidjanais qui prennent d'assaut les bordures de mer. La ville de Grand-Bassam, rebaptisée ville historique selon l'UNESCO, a été la première capitale de la Côte d'Ivoire en 1893. Durant six ans, Grand-Bassam abrita la résidence du gouverneur. La ville devint « la première capitale coloniale, portuaire, économique et juridique de la Côte d'Ivoire mais en 1899, l'administration coloniale est transférée à Bingerville après une crise de fièvre jaune dévastatrice qui écuma trois quarts de la population. Grand-Bassam est située au sud-est de la ville d'Abidjan sur le littoral avec une façade sur l'océan atlantique et une autre sur la lagune Ebrié à l'embouchure du fleuve Comoé. Elle est située à 43 kilomètres de la capitale économique Abidjan et fait partie de la région du sud Comoé. Grand Bassam a été fondé au milieu du 15e siècle par les « N'zema ». Aujourd'hui, la ville garde son caractère urbain colonial de la fin du 19e siècle et suit une planification par quartiers spécialisés pour le commerce, l'administration, l'habitat européen et l'habitat autochtone. »[2]

I.1. Patrimoine historique et touristique

La ville historique est spécifique par l'intégrité de son tissu urbain et son environnement adéquat. L'intégrité architecturale exprime son authenticité avec un énorme passé colonial. Tous ces atouts ont hissé la ville de Grand-Bassam au rang de cité à valeur universelle exceptionnelle selon l'UNESCO. Ainsi, le 3 juillet 2014, le quartier France, cœur historique de la ville est classé patrimoine mondial de l'UNESCO.

I.2. Le Bien

« Le bien proposé pour inscription comprend deux parties distinctes d'importance très inégale, la plus étendue est la portion orientale du cordon littoral de Grand-Bassam urbanisée au cours de la période coloniale (fin 19e siècle, milieu du 20e siècle) ; la seconde est formée par le phare situé sur une hauteur de la presqu'île entre la lagune et le fleuve Comoé. » Le bien est estimé à 109,89 hectares avec une zone tampon de 552,39 hectares

---

[2] *Extrait de l'ICOMOS n°1322 rev Grand-Bassam (CI), International Council on Monuments and Sites-Issu, publié le 23/06/2020.*

I.3. Les plages

La ville de Grand-Bassam regorge d'un secteur artisanal mal développé propice à son caractère de ville touristique. « Les réjouissances populaires de l'« Abissa », une fête de critiques sociales qui se tient chaque année entre fin octobre et début novembre chez les « N'zema » de Bassam (appolonien). Elle se déroule sur deux semaines. Grand-Bassam est aussi réputé pour ses plages populaires et privées qui contribuent fortement à en faire un site touristique de premier rang. Les stations balnéaires occupent la bande de sable fin, longue d'environ dix kilomètres et large de 200 à 300 mètres. Les plages de Mondoukou, Grand-Bassam et Azurreti sont les plus prisées. »[3] Grand-Bassam : un pôle touristique ivoirien au regard de ses atouts suscités constitue une cible de choix pour une attaque terroriste.

---

[3] *(International Journal Of Space and Urban Territory, Brekoum K-D, 2020.)*

I.4. Les festivités de l'Abissa

L'Abissa marque le début d'une nouvelle année chez les peuples N'zema Kotoko qui partage une frontière entre la Côte d'Ivoire et le Ghana. Considéré comme un moment de joie mais aussi de critique sociale, l'Abissa a réussi au fil des ans à se muer en un festival qui attire désormais de nombreux festivaliers qui viennent de plusieurs pays. L'Abissa c'est une semaine de « retraite mystique » ponctuée par la transposition du tam-tam parleur « Edogbalé », grande attraction de ce festival sur la place publique. Puis, toutes les catégories sociales de la caste des N'zema à tour de rôle dansent au son du « Edogbalé ».

L'Abissa, c'est aussi le rite de purification au bord de la mer pour entamer la nouvelle année dans la sainteté. Enfin, l'Abissa c'est sa grande fanfare carnavalesque pour clore le festival.

I-5. La marche historique des femmes sur Grand Bassam

En plus de ses plages, Grand Bassam est aussi célèbre pour son passé. Elle constitue un pan important de l'histoire coloniale du pays. La marche des femmes sur la prison de Grand Bassam, le 24 décembre 1949 pour exiger la libération de leurs époux reste gravée dans les mémoires de la ville mais surtout dans les archives historiques du pays. Baptisées « les

glorieuses ou la marche des glorieuses »,
c'étaient 4000 femmes qui avaient pris part à cette
aventure, de manière volontaire. Un acte de
courage de la part des braves femmes qui, sans le
savoir marchaient dans les pas de la politique de
décolonisation de la Côte d'Ivoire. Elles se
seraient rendues d'Abidjan à Grand Bassam du
22 au 24 décembre 1949 en portant haut le
flambeau de l'égalité du genre.

MERCREDI 30 NOVEMBRE 2022

ACTE I

II. Mercredi 30 novembre 2022 : Acte I

1ᵉʳ Jour des audiences

Moment douloureux de l'histoire de la Côte d'Ivoire, ce mercredi 30 novembre 2022, devant le Tribunal Criminel à Abidjan. Le Procès des présumés auteurs de l'attentat du 13 mars 2016 à Grand-Bassam s'était ouvert. Le cerveau de l'attentat de Grand-Bassam n'était pas dans le box des accusés. Il avait quitté Abidjan le 14 mars 2016, au lendemain de l'acte dans la ville balnéaire. « Le chef des opérations » avait pris la poudre d'escampette après avoir piloté avec succès l'opération.

Dix-neuf (19) personnes et trois militaires avaient perdu la vie. Cependant, celui qui lui avait servi de guide et de chauffeur à Abidjan, à Adjouffou et à Grand-Bassam puis avait facilité son départ d'Abidjan était dans le box des accusés. Avec d'autres comparses, ils comparaissent devant le Tribunal Criminel.

Dix-huit (18) personnes sont poursuivies par le Procureur de la République mais seulement quatre (4) sont présentes à la barre. Le présumé cerveau étant en cavale.

Pour cette première journée, un seul témoin avait été entendu à la barre. Il s'agissait de CISSE Mohamed qui avait servi de chauffeur à KOUNTA Dallah considéré comme le cerveau de l'attaque. Les débats entre le Procureur et les Avocats de la défense portèrent sur la forme.

Le premier témoin Cissé Mohamed appelé à la barre par le Président du Tribunal était assailli de questions par ce dernier et du Procureur de la République. Les Avocats de la défense opposèrent un refus. Le Tribunal se retira pour une consultation et revint après un quart d'heure mais cela ne changea pas les choses. La séance fut levée et reportée au lendemain.

Après la première audience, les journalistes tendirent leurs micros à l'Avocat de la défense :

« Vous avez vu que nous avons débattu de la détention préventive. C'est ainsi tant qu'un Tribunal n'est pas saisi pour juger du fond c'est-à-dire si les faits sont avérés ou pas. Au passage, je précise que nos clients bénéficient de la présomption d'innocence, tant qu'une juridiction ne s'est pas prononcée sur leur culpabilité, ils bénéficient donc toujours de la présomption d'innocence.

Dans le débat préliminaire, nous nous posons la question de savoir est-ce qu'ils devaient être en détention préventive ? Or ils ont été en détention (en matière criminelle) pendant vingt-quatre mois jusqu'à leur jugement. Pourtant, les textes fixent le délai de détention à vingt-quatre mois alors qu'ils ont été en détention de 2016 à 2022, ils ont donc largement dépassé ce délai. Par ailleurs, les textes ont prévu qu'en cas de renvoie de l'affaire devant le Tribunal Criminel, c'est à l'organe qui est chargé de les juger. Il doit avoir au moins un délai de six mois et aujourd'hui nous sommes le 30 novembre. La date de l'arrêt de renvoi étant le 25 mai 2022. Nous sommes à plus de six mois, ils doivent pouvoir à ce titre bénéficier de la liberté. C'est ce que nous avons présenté au Tribunal qui s'est retiré pour délibérer sur la question.

Malheureusement, à la suite de notre demande de l'annuité de l'arrêt de renvoi qui comportait des vices et de la demande de liberté d'office dont ils bénéficient, nos clients n'ont pas eu avis favorable car le Tribunal s'est déclaré incompétent. Nous allons donc continuer de soigner au mieux les intérêts de nos clients surtout sur la question de la forme. L'instruction de cette affaire ne pourrait se faire en un jour, le dossier est volumineux, les faits eux, sont d'une extrême gravité. Il est important donc que nous puissions produire tous les éléments afin de permettre au Tribunal de prendre une décision juste et équitable. Pour l'instant, nous n'allons pas donner une quelconque appréciation que nous soyons entrés directement dans le fond du dossier et les magistrats sont suffisamment outillés et ont fait leur preuve. En dehors des prévenus que nous assistons, une liste de personnes qui sont des témoins viendra donner leur part des faits.

En toute crédibilité, le barreau de Côte d'Ivoire joue son rôle qui est de permettre aux prévenus d'être assistés de Conseils. Cela a été fait. La procédure sera longue puisque la fin du procès est fixée au 22 décembre 2022 et compte tenu du nombre même des témoins dont la liste est longue. »*4

---

4 *Propos recueillis par l'auteur.

JEUDI 01 DÉCEMBRE 2022

ACTE II

III. Jeudi 01 décembre 2022

III.1. Acte II

13 heures 10 minutes : un policier annonça l'ouverture de la salle des audiences et demanda à tous de faire la file pour y avoir accès. Deux policiers postés à l'entrée de la salle fouillèrent au corps les personnes ainsi que les sacs avant d'accéder à la salle. Une fois à l'intérieur, ils occupèrent les sièges vides réservés à ceux qui venaient assister au procès. Une centaine environ. Des hommes et des femmes de toutes les tranches d'âge étaient visibles dans la salle mais les plus jeunes étaient en plus grand nombre. Les journalistes étaient présents et en tête de la file. Ils étaient repérables par leurs matériels (caméras, appareils photos, bloc-notes). Quelques instants après, on vit des policiers et un personnel civil qui préparaient les bureaux du parquet. Les civils posaient des caméras et des micros sur les perchoirs des différents blocs avant de s'assurer qu'ils fonctionnaient normalement. Quant aux policiers, ils posèrent des dossiers volumineux sur le perchoir du Juge et du Procureur.

13 heures 26 minutes : c'était le moment choisi pour l'entrée du Président du Tribunal et ses collaborateurs et des deux avocats des accusés. Un agent de police à haute voix ordonna à toute l'assemblée de se tenir debout pour accueillir le

parquet. Ils étaient quatre accusés et attendaient dans leur box situé en face de celui de leurs avocats. Le juge leur intima de descendre pour occuper les quatre chaises situées au centre et devant le juge.

Quelques instants seulement après, CISSE Mohamed était le premier à être entendu à la barre. Il était vêtu d'un ensemble boubou de couleur beige. La cinquantaine révolue, il se leva pour prendre la parole. À la question du Président du Tribunal de savoir si c'était à son domicile que le véhicule qui avait servi au transport des terroristes avait été retrouvé ? Il réfuta catégoriquement cette accusation. Par contre, la perquisition à son domicile avait permis de mettre la main sur six matelas, une petite bouteille de gaz domestique B6 et un ventilateur. Il reconnut en revanche être le détenteur de ces objets qui appartenaient à KOUNTA Dallah, en fuite. Pourquoi le nommé KOUNTA Dallah lui avait-il confié ces objets ? Demanda le Procureur. CISSE Mohamed affirma ne pas en savoir la raison. Il ajouta que la question devrait être adressée à KOUNTA Dallah qui certainement en connaissait les raisons.

Le Président du Tribunal lui demanda de s'asseoir. Le Procureur n'ayant plus d'autres questions pour lui.

13 heures 36 minutes : KOUNTA Sidi Mohamed est appelé à la barre.

Il était vêtu d'une tenue de sport jogging du club de football de la ville de Paris, le Paris Saint Germain. Dans le dos, il était estampillé en grand caractère « PSG ». Il portait également des sandales de sportifs, se tenait droit devant le micro et les mains croisées dans le dos. La posture militaire du soldat qui se tient dans les rangs. Avant que le Président du Tribunal ne lança sa première question, KOUNTA Sidi l'intercepta net.

« Monsieur le Président je veux vous demander un service » : lança-t-il.

Président du Tribunal : « Allez-y ! »

KOUNTA Sidi Mohamed : « Je veux qu'on fasse une minute de silence pour les victimes des attentats de Grand-Bassam »

La salle obéit.

Président du Tribunal : « Bon, allez, la minute de silence est passée »

Le Président du Tribunal n'a pas le temps de placer une autre phrase qu'il était encore arrêté par KOUNTA Sidi Mohamed :

« Je dirai tout Monsieur le Président », lança-t-il à l'endroit du Président.

« C'est bien que vous ayez choisi cette option car nous sommes ici pour établir la vérité », lui répondit le Président du Tribunal.

À la question de savoir depuis combien de temps l'accusé vivait-il en Côte d'Ivoire ? Il entra dans un long argumentaire. Ce fut le début d'une séance d'échanges houleuse et parfois harassante mais aussi drôle puisque des rires fusaient à maintes reprises de la salle. Il dit n'avoir jamais mis les pieds dans une école, il était ivoirien de par sa mère et malien de par son père. La Côte d'Ivoire est son pays qu'il aime. Il se revendiqua d'être un patriote mais que le sort avait décidé de le vilipender. KOUNTA Sidi Mohamed se disait marabout mais avait été également un féticheur jusqu'à une date récente. Pour lui être traité de djihadiste était une honte pour sa mère, sa famille et pour son pays. Il n'était pas un extrémiste religieux puisqu'il était un animiste et marabout qui offrait des consultations à son domicile d'Adjouffou situé dans la commune de Port-Bouet. KOUNTA Sidi Mohamed est né le 5 août 1979 dans la ville de Bouaké, de KOUNTA Cheick Amadou et de BAMBA Awa. Après le Président du Tribunal, ce fut au tour du Procureur ADOU Richard qui représentait le ministère public d'interroger l'accusé.

L'appel du 9 février 2016 du Mali :

Le 9 février 2016 à 18 heures 30 alors qu'il se trouvait au grand carrefour de Koumassi dans la ville d'Abidjan, il reçut un appel téléphonique du (22379…), mais il dit avoir oublié le reste des chiffres du numéro d'appel. Son interlocuteur depuis la ville de Bamako au Mali se présenta comme son beau-frère. Il se nommait Hamadi KOUDOUGOU et serait l'époux de sa sœur restée au Mali, qui le sollicita pour héberger un de ses amis qui se rendrait à Abidjan. Cet ami était KOUNTA Dallah, recherché aujourd'hui car accusé d'être le cerveau des attaques de Grand-Bassam.

Le 10 février 2016, KOUNTA Sidy Mohamed reçut encore un autre appel téléphonique de Hamadi KOUNDOUGOU alors qu'il se trouvait à l'entrée de la ville de Bouaké. Il était en partance pour la ville de Boundiali où il devait participer au mariage religieux de son frère. Boundiali est la ville où réside la grande partie de sa famille élargie. Il avait pris le soin durant leurs échanges du 9 février 2016 d'informer son beau-frère de son absence à Abidjan en raison du mariage de son frère. Toutefois, il avait pris l'engagement de faire le nécessaire afin d'honorer sa parole en hébergeant son hôte. Le soir vers 20 heures, il reçut un appel téléphonique de son hôte KOUNTA Dallah qui lui annonça son arrivée à Abidjan par voie terrestre.

Il avait voyagé dans un car de la compagnie de transport « SONEF ». À sa grande surprise, il l'informa par la même occasion qu'il était accompagné d'un de ses bras droits qui s'appelait CISSE Ibrahim. Il demanda à KOUNTA Dallah de se rendre à Adjouffou et d'attendre non loin de la buvette de son ami Moise. Sa première épouse vint les chercher. Entre-temps, il avait pris le soin de mettre en garde ses épouses et sa sœur cadette KOUNTA Lala de commettre l'adultère pour les unes et la fornication pour l'autre. Il donna même des consignes claires et fermes dans ce sens.

Le 19 février 2016, le mariage terminé, KOUNTA Sidy Mohamed décida de retourner à Abidjan. Une fois à la gare d'Adjamé, il prit un taxi contre la somme de 4000 francs pour regagner son domicile où il fut accueilli par sa seconde épouse. Une fois à la maison, il prit le soin de demander les nouvelles à ses hôtes comme le veut la tradition africaine. KOUNTA Dallah se disait marabout et était venu rencontrer un client à Abidjan qui était arrivé de l'Europe. C'était une habitude qu'ont les marabouts d'effectuer parfois des voyages pour aller à la rencontre de certains clients fortunés. Très souvent, les déplacements sont voulus par ces clients fortunés.

Après trois ou quatre jours, compte tenu de l'exiguïté de la maison, KOUNTA Sidi Mohamed proposa à ses hôtes de louer un petit hôtel moins cher situé à quelques mètres de son domicile. La nuitée coûterait 3000 francs mais KOUNTA Dallah refusa au motif qu'il n'avait pas l'habitude de dormir dans des hôtels. Il suggéra d'occuper la terrasse de la maison de son tuteur qu'il trouva fort aise.

Le voyage de Boundiali avait laissé des cicatrices à KUNTA Sidi Mohamed car il avait fait des chutes à moto. Pour lui qui était féticheur et à la fois marabout, c'étaient des attaques mystiques. Il proposa donc à ses hôtes de faire un lavage à l'eau de mer. Selon une forte croyance, le lavage à l'eau de mer est un remède efficace contre les mauvais sorts. Il invita donc ses hôtes à se rendre sur la plage de Grand-Bassam. Le 21 février 2016, ils se rendirent tous les trois sur la plage de Grand-Bassam où auront lieu les attentats pour y accomplir leur bain spirituel. KOUNTA Sidi Mohamed emporta à la maison cinq litres d'eau de mer.

III.1.1. Où l'accusé était-il, le 13 mars 2016, jour de l'attaque ?

C'était un point qui fut longtemps au cœur des débats entre le Procureur et l'accusé KOUNTA Sidi Mohamed. Pour le dernier, il avait appris la nouvelle des attaques de Grand-Bassam alors qu'il se trouvait au grand carrefour de Koumassi, en bordure de la voie. C'était plutôt l'attitude des passants qui avait attiré sa curiosité. Dans une autre déclaration, il indiqua qu'il avait su par une de ses clientes qui résidait dans la commune d'Abobo. Cette dernière qui devait se rendre à son domicile le jour des attentats pour une consultation l'avait joint par téléphone pour remettre au lendemain leur rencontre. C'était ainsi qu'il l'aurait su pour les attentats.

Le Procureur ADOU Richard dans son réquisitoire nota les incohérences du prévenu sur la question. Dans le rapport de l'enquête préliminaire, il était écrit noir sur blanc que le concerné avait été informé des attentats alors qu'il se trouvait à son domicile avec KOUNTA Dallah qui était venu lui rendre visite. Sur la question de l'heure exacte de la visite de KOUNTA Dallah, l'accusé s'était un peu embrouillé ; 10 heures, 11 heures, 12 heures ? Une chose était certaine, le jour des attentats, KOUNTA Dallah et lui, auraient passé des heures ensemble à son domicile. Ils auraient déjeuné et bu du thé pendant quatre, cinq voire six heures.

14 heures 36 minutes : KOUNTA Sidi Mohamed demanda à aller aux toilettes

Il dit souffrir d'une hernie ce qui l'obligeait à aller fréquemment aux toilettes. Le Président du Tribunal profita pour accorder dix minutes de pause à l'assemblée.

14 heures 44 minutes : Reprise de l'audience

Le Procureur revint à la charge et lui avoua d'entrée qu'il était fier de lui car il avait fait observer une minute de silence à la mémoire des morts de l'attentat mais aussi qu'il le savait très intelligent. Comme pour dire qu'il n'avait pas été berné par sa tentative d'influence.

Il lui montra deux photos qui avaient été retrouvées dans son domicile lors de la perquisition. L'une mettait en évidence KOUNTA Sidi Mohamed et l'autre un visage avec un turban. KOUNTA Sidy Mohamed reconnut la première photo mais rejeta la deuxième.

- « Je sais où vous voulez m'envoyer mais je ne suis pas un djihadiste Monsieur le Juge » s'empressa de révéler KOUNTA Sidi Mohamed. Il était inarrêtable dans son envolée verbale.

Le Procureur ainsi que le Président du Tribunal qui, étaient excédés par l'attitude de l'accusé le rappelèrent à l'ordre. Ils ne cessaient de lui suggérer de répondre de façon brève et précise aux questions sauf si le parquet trouvait utile et opportun pour lui de donner des explications complémentaires.

Le Procureur demanda aux techniciens de faire apparaître sur un écran de télévision les deux photos. La deuxième photo avait retenu l'attention du Procureur. C'était celle avec un visage couvert d'un turban et des écritures en arabe. Le Procureur lui demanda de traduire le message après qu'il ait reconnu comprendre la langue arabe. La traduction de KOUNTA Sidi Mohamed donna ceci :

- « Les Touaregs sont des hommes intègres »

Mais le Procureur contesta cette traduction et affirma que le message était plutôt :

« Les Peuls sont un danger, réelle est la réalité ». (Traduction lue par le Procureur)

Il avait pris le soin de faire traduire le message pour la circonstance. Toujours se référant au rapport de police de l'enquête préliminaire, le Procureur prit le soin de lire un passage qui ne corroborait pas avec les propos tenus dans la salle lors de l'audience. Durant son interrogatoire, l'accusé avait indiqué qu'au moment de l'attentat il était avec KOUNTA Dallah à son domicile. C'était par un échange téléphonique avec une de ses clientes qu'il avait été informé de l'attaque de Grand-Bassam en présence de KOUNTA Dallah. Ce dernier s'était alors écrié :

- « Allah Akbar ».

Une version que contesta l'accusé. Il se posa un problème sur les horaires avec l'accusé car toujours dans le rapport de la Police et dont un autre passage fut lu par le Président du Tribunal, le nommé KONE Souleymane, un cousin de KOUNTA Sidi Mohamed affirmait être présent au domicile de KOUNTA Sidi Mohamed le jour de l'attentat sauf que KOUNTA Dallah n'y était pas entre 11 heures et 15 heures. Il se trouvait à Grand-Bassam selon le Procureur qui, avant de passer la parole aux avocats de l'accusé rappela qu'il avait constitué l'équipe en charge de mener l'enquête. Une équipe constituée des agents de la Direction de la Surveillance Territoriale, des éléments de la Police Criminelle, des éléments de la Brigade de Recherche et des Officiers de Police de la ville de Grand-Bassam.

15 heures 38 minutes : suspension de l'audience pour dix minutes à la demande de l'accusé qui veut se soulager. 15 heures 54 minutes : reprise de l'audience.

III.1.2. Interrogatoire des avocats de la défense

Dans le rapport de l'enquête préliminaire lu par le Procureur, KOUNTA Dallah l'avait joint depuis le Mali, le lendemain des attentats. KOUNTA Dallah ne reconnaissait pas pour autant cette déclaration par contre ayant appris le départ précipité de KOUNTA Dallah par ses voisines, il était entré en contact son beau-frère. Ce dernier confirma le départ d'Abidjan de KOUNTA Dallah vers le Mali pour une urgence mais qu'il reviendrait très rapidement. À la question du Procureur de savoir ce qu'il avait ressenti lorsqu'il avait appris l'attentat de Grand-Bassam qui avait causé la mort de dix-neuf personnes ? Il se sentait très mal car pour lui c'étaient des innocents qui pourraient être des membres de sa famille. Il regretta d'avoir hébergé un djihadiste. S'il l'avait su il l'aurait dénoncé. Il demanda donc la clémence du juge pour avoir commis une erreur par naïveté. Le Président du Tribunal l'interrompit car ce n'était pas encore l'étape du plaidoyer.

Quant aux Avocats commis pour sa défense, Éric SAKI et Dégé KOUASSI, à tour de rôle, ils dénoncèrent la crédibilité de la procédure de perquisition au domicile de l'accusé. Le Procureur rappela l'article relatif à la perquisition. Il n'était pas en erreur car la perquisition avait eu lieu en 2016 et le code ne demandait pas la présence obligatoire du concerné. La présence de deux voisins adultes aurait suffi alors que la perquisition eut lieu en présence des deux épouses de l'accusé. De plus les Avocats avaient dénoncé la crédibilité des preuves présentées à savoir les photos. Elles n'étaient pas des preuves suffisantes pour condamner le prévenu pour eux. Par conséquent, ils demandèrent la libération pure et simple des accusés pour insuffisance des preuves et du non-respect de la procédure pénale.

KOUNTA Sidi Mohamed en dépit des interpellations du parquet avait du mal à garder son calme. Il était très prolixe et donnait de longues réponses alors que le parquet lui demandait d'être précis et bref.

18 heures 05 minutes : Suspension de l'audience et de son report au mercredi suivant à 13 heures

Compte tenu de l'heure, et excédé par l'attitude de l'accusé, le Président du Tribunal suspendit l'audience et la reporta au mercredi suivant à la même heure. Cependant, il demanda au Procureur de faire traduire le message qui figurait sur la photo projetée à l'écran, par un interprète assermenté.

MERCREDI 07 DÉCEMBRE 2022

ACTE III

IV. Mercredi 7 décembre 2022

IV.1. Acte III

Le mercredi 7 décembre 2022, le procès de l'attentat de Grand-Bassam se poursuivit au Tribunal Criminel d'Abidjan Plateau en présence de plusieurs personnes. Comme lors les séances précédentes, la procédure d'accès à la salle était la même. Le dispositif sécuritaire à l'entrée était de haut niveau. Des éléments de la Brigade Anti-Emeute et des Forces Spéciales étaient postés de part et d'autre. Armes aux poings, cagoules en place, ils étaient impressionnants. Dehors, les véhicules blindés des unités spécialisées de la Police et des Forces Spéciales étaient positionnés aux abords du palais de Justice. Le dispositif assez inhabituel dissuadait.

Ce mercredi 7 décembre était assez spécial car c'était le premier jour de passage des témoins de l'attentat. On trouvait des témoins parfois particuliers comme un officier des Forces Spéciales et pas des moindres. Il s'agissait de l'officier qui était à la tête du Commando qui avait mené l'assaut contre les terroristes sur la plage de Grand-Bassam.

IV.2. Audition de CISSE Hantao Ag Mohamed

Deux accusés et quatre témoins avaient été entendus ce jour-là à la barre. Le procès avait duré six heures, de 13 heures à 19 heures. CISSE Hantao Ag Mohamed et BARRY Hassan avaient été respectivement entendus. CISSE Hantao Ag Mohamed qui était vêtu d'une veste noire se présenta comme un citoyen malien arrivé en Côte d'Ivoire en 2013 dans le but de remplacer son frère aîné qui tenait une boutique dans le quartier Adjouffou situé dans la commune de Port-Bouet dans la ville d'Abidjan. En 2016, il avait fait la connaissance de l'accusé KOUNTA Sidi Mohamed. Ce dernier hébergea KOUNTA Dallah, le cerveau de l'attaque. À la question de savoir la nature de leurs relations, il indiqua que c'était juste une relation de clientèle. Pour lui, KOUNTA Sidi était juste un client ordinaire qui venait faire des emplettes à sa boutique. Pourtant, il avait fini par reconnaître que les deux avaient effectué une visite à la plage de Grand-Bassam.

- « Quand il m'a proposé d'aller à la plage je me suis rendu chez lui. Là-bas, j'ai trouvé deux personnes. CISSE Ibrahim et KOUNTA Dallah étaient à son domicile. Je les ai donc accompagnés à Grand-Bassam. ».

Après environ deux heures de balade lagunaire, arrivés à 10 heures sur la plage, ils en étaient repartis vers 12 heures dans un taxi. Les quatre individus regagnèrent leurs domiciles respectifs du quartier Adjouffou. Ils avaient immortalisé ce moment par des prises de photos.

À la question du juge de savoir combien de fois, il avait revu KOUNTA Dallah après l'attaque de Grand-Bassam ? CISSE Hantao Ag Mohamed expliqua qu'ils s'étaient revus deux fois. La première fois à Grand-Bassam alors que KOUNTA Dallah revenait de la commune d'Adjamé située dans la ville d'Abidjan, après des courses.

La seconde fois, ils s'étaient rencontrés au grand carrefour de la commune de Koumassi située au sud d'Abidjan. KOUNTA Dallah revenait une fois de plus de ses courses. Ce dernier proposa même à l'accusé de faire chemin ensemble, chose qu'il refusa au prétexte qu'il ne le connaissait pas suffisamment. Ils ne se revirent plus.

Le collectif des avocats commis à la défense des accusés après avoir remarqué les balbutiements de l'accusé suggéra au regard des enjeux du procès, qu'il soit mis à la disposition de leur client un interprète afin de lui permettre de s'exprimer dans son dialecte et que ses propos soient traduits fidèlement. CISSE Hantao Ag Mohamed avait mentionné dès le début de l'audience qu'il ne maîtrisait pas la langue française. Une raison que saisirent les avocats de l'accusé pour brandir l'article 332 du Code pénal qui fut, malheureusement, rejeté lorsque le Procureur de la République insista sur le fait que toutes les audiences de l'accusé à la Police, à la Direction de la Surveillance du Territoire et chez le juge d'Instruction s'étaient fait sans interprète. Unanimement, les Avocats et le Procureur de la République affirmèrent leur volonté de faire jaillir la vérité rien que la vérité. Pour eux, leurs attitudes étaient justifiées par cette quête de volonté.

IV.3. Deuxième accusé à la barre : BARRY Hassan dit « SAM » ou Barry Battesty Ange François

Le Président du Tribunal lui demanda de se présenter. Debout, face au juge :

- « Je me nomme BARRY Hassan né de Moussa BARRY et de Djénéba BARRY de nationalité ivoirienne. En vue de me faire partir en Europe pour des études, mes parents m'ont donné le nom Ange BARRY Battesty, qui est de mon grand-père car j'ai une filiation du côté baoulé ».

BARRY Hassan est né le 20 mars 1992 et se fait appeler 'Sam'. Après l'échec de son aventure estudiantine en Europe comme l'auraient souhaité ses parents, il tenta une autre aventure par le désert nord-africain. Une aventure qui échoua une fois de plus. Et c'est au cours de cette mésaventure qu'il fit la connaissance de HAMZA

Ben Mohamed, le propriétaire du véhicule de type LAND CRUISER V8 qui avait servi pour le transport de la logistique du Mali vers Abidjan. C'est précisément à Niamey, la capitale du Niger qu'il fit la connaissance de HAMZA Ben Mohamed. BARRY Hassan était dans les cordes alors que son voyage vers l'eldorado avait échoué. HAMZA Ben Mohamed proposa à BARRY Hassan de l'aider mais en échange il devait travailler pour son compte. Contre la promesse de l'aider à établir des documents pour rejoindre l'Europe, Hassan accepta de lui servir de chauffeur. C'est au cours de l'un de leurs voyages qu'ils se retrouvèrent en Côte d'Ivoire précisément dans la ville de Dabou, une petite commune située à l'ouest du district d'Abidjan. Ensemble, dans le véhicule LAND CRUISER de type V8, ils effectuèrent des voyages au Mali, au Niger, à Bouaké, à Dabou, et à Abidjan. Toutefois, l'accusé nia connaître KOUNTA Dallah. Il soutenait ne l'avoir jamais vu ni rencontré y compris ces coaccusés mais avait servi juste comme chauffeur de HAMZA contre forte récompense financière. Pour le confondre, le juge demanda aux techniciens de faire défiler des photos de l'accusé dans lesquelles on le voyait sur certaines aux côtés de son employeur avec des liasses de billets de banque.

L'accusé à la barre, CISSE Hantao Ag Mohamed a été cuisiné sur la journée à la plage à Grand-Bassam, le 21 février 2016, en compagnie du cerveau des attentats, KOUNTA Dallah. Il se souvenait de certains détails mais pas tous.

Président du Tribunal : « Quand ça vous arrange, vous vous souvenez. Quand ça ne vous arrange pas, vous ne vous souvenez pas. Lorsque vous êtes allés à Bassam, avez-vous ramené de l'eau ?»

Accusé : je ne me souviens pas.

Président du Tribunal : « Venons-en au 13 mars 2016. Avez-vous appris ce qui s'était passé à Grand-Bassam ? »

Accusé : « En 2016, j'étais dans ma boutique vers 18 heures et des clients m'ont informé qu'une attaque a eu lieu à Grand-Bassam ».

Président du Tribunal : « En 2016, KOUNTA Sidi Mohamed vous présente deux personnes que vous ne connaissez pas et vous allez quand même avec elles à la plage. Entre le moment où vous êtes à la plage et le moment où les tueries ont eu lieu cela faisait combien de temps que vous étiez à la plage ? »

Accusé : « Je ne saurais le dire, Monsieur le Président »

Président du Tribunal : « Vous êtes arrivés en Côte d'Ivoire en 2013 et en 2016, vous avez fait la connaissance de KOUNTA Sidi Mohamed. Après les événements de Grand-Bassam, avez-vous revu KOUNTA Dallah ? »

Accusé : « Je n'ai tué personne. J'ai vu KOUNTA Dallah à trois reprises ; à Treichville, à Koumassi et à Grand-Bassam. »

Procureur de la République : « Est-ce qu'avant aujourd'hui, aviez-vous entendu parler des attaques de Grand-Bassam ? »

Accusé : « Oui ! À la PJ (Police Judiciaire devenue Police Criminelle) et puis chez le juge d'instruction monsieur Ousmane COULIBALY. »

Procureur de la République : « Monsieur CISSE Hantao Ag Mohamed. Le Président du Tribunal vous a demandé si vous connaissiez KOUNTA Dallah ? La même question vous avait été posée à la Police Judiciaire et chez le juge d'instruction. Quelles réponses aviez-vous données à cet endroit ? »

Accusé : « Je ne connais pas KOUNTA Dallah. Je l'ai certes vu mais je ne le connais pas. Voir et connaître une personne ce sont deux choses distinctes. Je l'ai vu pour la première fois à la gare de Grand-Bassam. J'avais acheté des marchandises et il avait voulu me raccompagner. Cependant, je lui avais fait savoir que je n'avais pas de temps à perdre avec lui ».

Procureur de la République : « Donc un parfait inconnu vous aborde et veut partir avec vous ? Avant la rencontre à la gare de Grand-Bassam, aviez-vous vu KOUNTA Dallah après cela ?

Accusé : Oui ! Monsieur ! La deuxième fois, c'était à la gare de Koumassi ».

Procureur de la République : « La troisième fois, c'était où ? »

Accusé : « Je n'ai pas vu KOUNTA Dallah à trois reprises comme vous le soulignez ».

Procureur de la République : « Êtes-vous sûrs ? Vous avez bien dit au Président du Tribunal que vous êtes allés avec KOUNTA Dallah à Grand-Bassam ».

Accusé : « Nous sommes allés à Grand-Bassam pour nous laver, nous étions quatre y compris KOUNTA Dallah ».

Procureur de la République : « Sommes-nous d'accord que vous avez vu KOUNTA Dallah à trois reprises ? Parmi les quatre personnes présentes ce jour-là à Grand-Bassam, KOUNTA Dallah était-il dans le groupe ? »

Accusé : « Nous sommes allés une fois à Grand-Bassam avec KOUNTA Dallah. Nous étions quatre. Nous sommes allés nous laver et nous sommes revenus. »

Procureur de la République : « Comment étiez-vous habillés ? Avez-vous nagé ? »

Accusé : « Nous avons nagé dans la mer. »

Procureur de la République : « Il y a la mer à Port-Bouet. De quel côté de Grand-Bassam, avez-vous nagé ? »

Accusé : « Je ne connais pas l'endroit »

Procureur de la République : « Vous êtes allés découvrir Grand-Bassam et vous ne vous souvenez pas du lieu ? »

Accusé : « Nous sommes allés nager, nous avons pris des photos… J'ai pris une photo avec Ibrahim… »

Procureur de la République : « Vous avez les photos de quels lieux ? Vous n'avez pas pris de photos autour de vous ? Y avait-il du monde ce jour-là ? »

Accusé : « Je n'ai pas pris de photos des lieux contrairement à ce qui a été dit »

Procureur de la République : « Est-ce qu'il y avait des bâtiments autour de vous ? Avez-vous mangé ce jour-là ? »

Accusé : « Moi, je n'ai pas mangé. Pour les autres, je ne sais pas. »

Procureur de la République : « Vous voulez dire que les autres se sont éloignés un moment ? »

Accusé : « Moi, je ne sais pas… Monsieur le Président, je ne peux pas répondre à cette question »

Procureur de la République : « Quelle heure était-il quand vous êtes arrivés à Grand-Bassam ce jour-là ? »

Accusé : « Nous sommes arrivés à 10 heures et nous avons quitté les lieux à midi… »

Avocat de la Défense : « Nous constatons qu'il y a des problèmes d'incompréhension. Nous demandons que les dispositions soient prises pour éviter des erreurs judiciaires. Les enjeux sont importants. Nous demandons que le Tribunal nomme un interprète qui va prêter serment pour traduire les propos de l'accusé. Nous suggérons, en attendant la nomination que le Tribunal interroge un des accusés qui parlent mieux le français… »

Procureur de la République : « Je n'ai pas l'impression que l'accusé montre des signes d'incompréhension. Il a répondu aux questions en français à l'enquête préliminaire et devant le juge d'instruction. »

Avocat de la Défense : « Monsieur le président, les enjeux sont majeurs. Les accusés encourent une peine de prison de vingt ans. Mes clients bénéficient de la présomption d'innocence. Le débat doit être équitable pour permettre au Tribunal de prendre une décision juste. Nous ne demandons pas autre chose que ce que la loi a prévu ».

Procureur de la République : « Je suis conscient des enjeux du procès. Quand je dis que l'accusé parle français, ce n'est pas une vue de l'esprit. L'accusé parle quelle langue, quand il fait son commerce ? Quand on pose une question et que l'accusé n'a pas bien entendu, ce n'est pas qu'il ne comprend pas. J'estime que l'accusé a les ressources pour répondre aux questions. Ce sont les réponses qui sont gênantes ».

L'audience est suspendue pour cinq minutes.

Le Président du Tribunal : « Le Tribunal rejette la requête des Avocats de la Défense. Il ne nous est pas apparu que l'accusé parlait insuffisamment le français. Nous savons nous mettre au niveau des accusés. Le Tribunal estime que les droits des accusés sont saufs et le procès peut se poursuivre ».

Président du Tribunal : « Combien de fois avez-vous vu KOUNTA Dallah ? »

Accusé : « Trois fois »

Président du Tribunal : « La première fois, c'était où ? »

Accusé : « À Adjouffou »

Président du Tribunal : « C'était où la deuxième fois ? «

Accusé : « Chez Sidi KOUNTA Mohamed »

Président du Tribunal : « Et la troisième fois ? »

Accusé : « A Koumassi ».

Président du Tribunal : « Connaissez-vous KOUNTA Dallah ? »

Accusé : « Non ! »

Président du Tribunal : « Comment une de vos voitures s'est-elle retrouvée dans ses mains ? »

Accusé : « Je ne sais pas »

Président du Tribunal : « De quelle nationalité êtes-vous ? »

Accusé : « Je suis ivoirien. Monsieur le Président, je suis devant vous ici, laissez-moi le temps de parler… »

Président du Tribunal : « Êtes-vous déjà sorti du pays ? »

Accusé : « Je suis sorti du pays, j'étais vers la frontière de l'Algérie avec le Niger. J'y ai connu un homme qui s'appelait Mohamed avec qui nous avons fait un accident. Hélas, je ne l'ai plus revu depuis alors j'ai donc décidé de revenir au pays ».

Président du Tribunal : « Au-delà du Niger, avez-vous fait le Burkina et le Mali ? »

Accusé : « Oui ! »

Président du Tribunal : « Qui d'autre avez-vous croisé ? »

Accusé : « Oui ! J'ai fait la connaissance d'un monsieur appelé HAMZA Mohamed ».

Président du Tribunal : « Ce nom m'intéresse. Avez-vous gardé des contacts avec HAMZA Mohamed ? »

Accusé : « Non ! Nous sommes rentrés ensemble à Ouagadougou où se trouvait son magasin. C'est tout ».

Président du Tribunal : « Vous vous êtes retrouvé avec lui dans la ville de Dabou pourtant ? »

Accusé : « Oui ! C'est dans un véhicule Toyota Land Cruiser que nous avons fait le voyage. J'ai conduit la voiture du Mali en Côte d'Ivoire ».

Président du Tribunal : « Il nous semble que HAMZA connaissait bien la Côte d'Ivoire avant de vous rencontrer ? »

Accusé : « Je ne saurai répondre à cette question ».

Président du Tribunal : « Comment s'est-il retrouvé en Côte d'Ivoire ? »

Accusé : « C'est un commerçant. Il s'est établi à Dabou avec son frère. Il parlait le français ».

Président du Tribunal : « HAMZA Mohamed vous a-t-il proposé d'aller chercher sa voiture au Mali ? »

Accusé : « Je ne me rappelle plus ».

Président du Tribunal : « Vous avez pourtant déclaré la perte de la carte grise de la voiture au commissariat de Dabou. N'est-ce pas ? »

Accusé : « J'ai conduit la voiture pour aller visiter les magasins dont il est le propriétaire à la Riviera Faya dans la commune de Cocody. De retour, j'ai gardé le véhicule mais des jeunes de Dabou ont dérobé les pièces. J'ai par ailleurs fait la déclaration à la police. HAMZA est rentré au Mali le 16 janvier 2016. Puis, je n'ai plus eu de ses nouvelles. Je suis même allé au Mali avec feu le Premier ministre Hamed BAKAYOKO pour une vérification dans le cadre de l'enquête de cette affaire ».

Président du Tribunal : « Avez-vous appris que ce véhicule était en lien avec l'attentat de Grand-Bassam ? »

Accusé : « Je ne savais pas cela. C'est avec les agents de la DST que je l'ai appris. J'ai dit par ailleurs aux policiers que j'étais prêt à donner toutes les informations dont je disposais pour que les enquêtes aboutissent. »

Président du Tribunal : « HAMZA, savait-il conduire ? »

Accusé : « Je l'ai vu conduire »

Président du Tribunal : « Peut-il aller à Grand-Bassam ? »

Accusé : « Moi, je ne connais pas Grand-Bassam. Je n'ai jamais été à Grand-Bassam »

Président du Tribunal : « Où la voiture était-elle stationnée les soirs ? »

Accusé : « Chez le propriétaire »

Président du Tribunal : « Ne vous souvenez-vous pas avoir reçu un appel à l'effet d'aller chercher la voiture au Mali contre une proposition d'un transfert d'argent électronique ? »

Accusé : « Je ne me souviens pas de cette offre »

Président du Tribunal : « Le 13 mars 2016, où étiez-vous ? »

Accusé : « À Faya -Riviera-Cocody »

Président du Tribunal : « Parmi vos coaccusés, qui connaissez-vous ? »

Accusé : « Je ne connais personne et Kounta Dallah, je ne le connais ni d'Adam ni d'Eve »

Président du Tribunal : « Qui est Ange BARRY Battesti Hassan alias ''SAM'', de feu Ange BARRY et de KOUAME Amena Nicole ? »

Accusé : « Nous avons une filiation Baoulé. D'ailleurs, mon père m'a attribué le nom de ma tante. Mon père avait deux épouses. Mes géniteurs avaient voulu que je m'installe en Occident »

Président du Tribunal : « Est-ce qu'on peut croire en votre parole quand vous dites aujourd'hui que votre mère est burkinabé ? »

Accusé : « Vous pouvez croire en ma parole »

Président du Tribunal : « Vous avez caché votre identité, pourquoi ? »

Accusé : « Je n'ai pas caché mon identité. Je suis même allé avec des policiers pour des vérifications dans mon établissement «

Procureur de la République : « Quel est votre nom complet ? »

Accusé : « Mon nom à l'état civil est BARRY Hassan. Mes parents ont établi mes documents lorsque je devais aller en Europe. Ils m'ont donné le nom de mon grand-père, Ange François BARRY Battesti, un ancien ministre ivoirien sous l'ère de Félix Houphouët Boigny »

Procureur de la République : « Pourquoi portez-vous le nom de votre grand-père ? »

Accusé : « Ce sont mes parents qui ont établi mes documents… »

Procureur de la République : « Pour la dernière fois, comment vous appelez-vous ? »

Accusé : « BARRY Hassan. Niveau scolaire terminale D »

Procureur de la République : « Monsieur BAKAYE, comment l'avez-vous connu ? »

Accusé : « C'est un commerçant. Il avait son magasin devant ma cour familiale. Je l'ai connu en 2008 »

Procureur de la République : « Vous êtes de quelle nationalité ? »

Accusé : « Je suis de nationalité ivoirienne »

Procureur de la République : « Comment pouvez-vous être Ivoirien si vos deux parents sont de nationalité burkinabè ? »

Accusé : « Nous sommes six enfants. Je suis de nationalité ivoirienne. Mon père a servi la Côte d'Ivoire »

Procureur de la République : « Quelle était votre fonction auprès de HAMZA Mohamed ? »

Accusé : « Je l'aidais dans la vente des marchandises de son magasin. En retour, il m'avait promis de m'aider dans l'établissement de mes documents pour aller en Europe »

Procureur de la République : « Dans quelle voiture faisiez-vous les courses avec HAMZA Mohamed ? »

Accusé : « J'étais avec HAMZA Mohamed tantôt dans ses magasins tantôt chez lui à la maison »

IV.4. Le passage des premiers témoins

Les premiers témoins ne connaissent pas les prévenus. Cette journée marquait le début du passage des témoins. Ils étaient quatre à savoir SILUE Lamine, le chef d'arrondissement maritime et portuaire de Grand-Bassam, OULAGNON Franck Éric, il est officier des affaires maritimes et portuaires. Il était le jour de l'attentat l'officier de permanence. N'GUESSAN Kré Romaric, un employé de l'hôtel Étoile du Sud au moment des faits et K.S, un officier des Forces Spéciales, il était à la tête du commando qui avait mené l'assaut contre les terroristes.

D'emblée, le Président du Tribunal prit le soin de notifier à la salle que les témoins ne se connaissaient pas. Ils n'avaient pas été installés dans la même salle et n'avaient donc pas pu se rencontrer. Lorsque c'était au tour d'un des témoins, les policiers allaient le chercher puis l'installaient dans la salle d'audience. À tour de rôle, les témoins se succédaient dans la salle. Les trois premiers témoins, à les entendre furent témoins des événements. Ils rendirent leurs témoignages.

C'était au tour de midi que les évènements avaient débuté selon N'GUESSAN Kré Romaric. Une heure après, deux terroristes de petites morphologies firent irruption dans son réceptif hôtelier avec des armes à feu. Ils abattirent un

Libanais et blessèrent une allemande qui succomba.

Il était 19 heures, lorsque l'officier des Forces Spéciales répondant aux initiales K.S fit son entrée dans la salle d'audience. Il est celui qui dirigea l'assaut contre les terroristes avec son Commando. C'était un peu avant 13 heures qu'il avait été saisi par sa hiérarchie pour se rendre sur la plage de Grand-Bassam, avec son unité. La raison était que la plage de la ville était le théâtre d'une attaque terroriste. Il leur avait été ordonné d'entrer en action quinze minutes après. Rapidement avec son Commando de 24 éléments, ils prirent la direction de Grand-Bassam. Chemin faisant, le lieutenant K.S (au moment des faits), ordonna à quatre de ses éléments de mener une mission de prospection sur le site avant leur arrivée. Une fois sur le site, ils composèrent deux groupes. Le premier groupe composé de douze éléments se dirigea vers l'hôtel Étoile du Sud et le deuxième groupe qu'il avait lui-même conduit se dirigea vers le réceptif hôtelier La Nouvelle Paillotte. Le deuxième groupe se retrouva en face de deux terroristes armés de kalashnikov avec des gilets sur la poitrine. Les gilets comportaient plusieurs chargeurs de munitions. Dans le face-à-face, ses hommes et lui essuyèrent des rafales des terroristes qui touchèrent mortellement deux d'entre eux. Deux autres furent également blessés. L'un d'entre eux succomba à ses blessures. La riposte ne se fit pas attendre et cinq minutes après l'un des terroristes fut abattu. Un autre se dirigea vers la plage. Lui et ses hommes tentèrent de porter secours aux blessés mais ils furent confrontés aux tirs des terroristes qui étaient embusqués dans de bons champs de tirs :

« Chez nous lorsqu'un homme est blessé, la priorité est de l'enlever et c'est ce que nous avons tenté de faire mais puisqu'ils étaient là avant nous et avaient de bonnes positions de tirs, ils ont continué à ouvrir le feu et donc sont arrivés à nous atteindre mais nous les (les ennemis) avons eus en moins de 30 minutes et systématiquement, on a ouvert les hostilités ».

Deux minutes après, on était parvenu à éliminer des terroristes. Le second qui était dans un bon champ de tir continua de nourrir le feu sur l'officier K.S. et ses hommes. En plus d'avoir une bonne position de tir, il était surentraîné. C'étaient pour ces raisons que le combat avec le deuxième terroriste avait duré au moins trente minutes. D'ailleurs, l'officier révéla qu'il fut lui-même blessé deux fois par les balles des terroristes. Mais étant l'officier qui conduisait l'opération, il avait le devoir de rester avec ses hommes jusqu'à ce que la relève soit assurée par un autre officier. Toutefois, il avait pris le soin de s'assurer que le premier terroriste fut neutralisé avant de passer le Commandement des opérations. Il évalua le temps de neutralisation des deux terroristes en une heure.

Ce sont finalement deux terroristes qui furent abattus par ses hommes sur la plage de Grand-Bassam. Malheureusement, trois de ses hommes perdirent la vie. Les terroristes étaient vêtus de pantalons noirs, de chemises blanches, couvertes de gilets avec des ports de chargeurs.

JEUDI 08 DECÉMBRE 2022

ACTE IV

V. Jeudi 08 décembre 2022

V.1. Le passage des autres témoins

13 heures 20 minutes : Le public était invité à dresser un rang pour avoir accès à la salle. Fouilles minutieuses avec un détecteur de métaux par des agents de la FRAP, unité spécialisée antiterroriste de la police nationale. Certains étaient postés sur l'esplanade de la salle d'audience, armes aux poings. Le même dispositif impressionnant était visible dehors. Une centaine de personnes étaient venues assister au procès.

Une fois dans la salle, après s'être installées, elles n'attendaient que l'entrée du Parquet qui ne se fit pas attendre :

« Bonjour mesdames et messieurs, soyez les bienvenus, l'audience est reprise. Veuillez-vous asseoir ».

Le nommé KOUNTA Dallah est poursuivi ainsi que 17 autres pour les attaques de Grand-Bassam. Le président du tribunal rappela les consignes dans l'enceinte de la salle :

« L'usage du téléphone est interdit. Vous êtes priés de respecter cette consigne au risque de vous retrouver devant moi ».

Témoin 1 : Patrick COLLEN

Patrick COLLEN, âgé de 64 ans est un commerçant à Grand-Bassam. Il décida de se constituer partie civile car se considérant comme témoin et victime. Contrairement aux autres témoins qui l'avaient précédé, il savait ce que signifiait se constituer « Partie civile ». Il est le propriétaire du restaurant « La paillotte ». Un hôtel-restaurant qu'il avait acquis en 2008. Il raconta que le 13 mars 2016, jour de l'attaque de Grand-Bassam, il avait reçu un appel de son épouse pour l'informer des tirs qu'elle entendait mais en raison du mouvement des vagues de mer, lui n'entendait rien. « La Paillotte » est située à quelque 300 mètres de la plage. Il appela la police qui lui confirma les tirs.

À la suite de l'entretien téléphonique avec la police, il s'excusa auprès de ses clients et les pria de rentrer chez eux. Ils étaient 111 dans le restaurant et 20 personnes occupaient des chambres. Alors qu'il était dans son restaurant, il vit venir des personnes qui couraient pour s'engouffrer dans son restaurant. Elles fuyaient les terroristes et leurs balles. Son restaurant avait essuyé des tirs, il y avait eu des blessés. Lui-même avait échappé de justesse aux balles des terroristes. Avec deux clients dont l'un était français et l'autre italien, ils s'enfermèrent dans une chambre annexe après avoir fermé à double tour les portes du salon et les vérandas. Alors qu'ils marchaient dans la chambre, il eut une intuition, il n'avait pas fermé la porte après eux. Le temps de se retourner qu'il vit une arme qui était pointée dans sa direction. Il n'eut pas le temps de dire un mot que le coup retentit. La balle se logea dans le cadre de la porte juste au-dessus de sa tête. Il doit sa vie aujourd'hui à la main divine. Ils s'enfermèrent encore dans une autre chambre.

Les terroristes se promenaient dans son restaurant. De sa nouvelle cachette, il les apercevait à travers une porte vitrée, deux terroristes qui tiraient dans tous les sens et faisaient des aller et retour sur la plage. L'un était mauvais tireur et l'autre surentraîné selon Patrick COLLEN.

C'était la débandade et le sauve-qui-peut. Parmi ceux et celles qui avaient rejoint son restaurant en fuyant la plage, se trouvaient des blessés. Une des victimes, de nationalité macédonienne avait été également blessée. Il l'avait aperçue au sol dans son restaurant qui gisait dans une mare de sang. Il la fit monter dans une des chambres et lui posa un garrot. Des morts, il y en a eu dans son restaurant, deux commandos des Forces Spéciales lors de leur assaut, un de ses amis de nationalité française avait été tué et un autre avait été blessé aux fesses. L'un des terroristes avait été également abattu dans son restaurant. C'était le moins aguerri au combat et son comparse l'avait secouru en le traînant jusque derrière une porte pour le mettre à l'abri.

Le Procureur présenta ses condoléances à Monsieur COLLEN pour la perte de ses amis et sa compassion pour les préjudices moral et financier qu'il avait subis avant de demander :

« Avez-vous remarqué des signes suspects avant l'attaque ? »

Patrcik COLLEN : « Avant l'attaque, deux ou trois semaines, j'avais remarqué la présence de deux clients dans mon restaurant qui étaient très agressifs et désagréables avec mon personnel. Cette attitude peu commune de ces personnes à l'allure bizarre n'est pas passée inaperçue. Aussi, un autre de ses amis de nationalité libanaise qui est décédé après, lui avait relaté des faits plutôt inhabituels. Il avait eu une altercation au quartier France avec des hommes de peaux claires. Elles avaient fait remarquer à son ami libanais qui se baladait avec son épouse qu'il ne devait pas accepter que son épouse fume. Ces personnes s'étaient montrées assez intransigeantes alors que les relations qui les liaient ne le permettraient pas. »

Les Avocats : « Chez nous en Côte d'Ivoire, il y a une formule pour témoigner toute la compassion à l'endroit de quelqu'un, c'est ; « Yako ! Yako ! »

Monsieur COLLEN :

« Pouvez-vous nous décrire les clients inhabituels dont vous avez fait cas ? »

Patrick COLLEN : « Ceux qui étaient venus dans mon restaurant étaient sales et mal vêtus. Nous les avons remarqués parce qu'ils n'étaient pas de la clientèle habituelle ».

Les Avocats de la Défense : « Étant donné que vous avez vu les terroristes, pouvez-vous nous les décrire ? »

Patrick COLLEN : « Ceux qui ont tué étaient de petite taille, ils devraient faire environ 1,70 mètre et peser entre 55 et 60 kilogrammes. »

On lui montra des photos des suspects via l'écran de télévision installé dans la salle. Il reconnut un terroriste qui avait été neutralisé.

Président du Tribunal : « Pensez-vous que les terroristes maîtrisaient les lieux ? »

Patrick COLLEN : « Oui, je le pense. Ils ont dû faire la reconnaissance du site »

Président du Tribunal : « Vous avez subi des préjudices, combien souhaitez-vous en guise de dédommagement ? »

« Il y a eu un manque à gagner considérable car il a dû ranger la clé sous le paillasson avant de rouvrir un an après mais les stigmates étaient énormes. Tous les gros investissements étaient tombés à l'eau. Il souhaita faire un point avant de se prononcer sur le montant. Le président du Tribunal accepta sa requête et lui demanda de produire en trois exemplaires sa requête. »

Témoin 2 : Mme SAYI Louise Martin épouse KOUAKOU, 41 ans, hôtelière à l'hôtel l'Étoile du Sud de Grand-Bassam.

Elle fut appelée à la barre par le Président du Tribunal. Elle aussi s'était constituée partie civile alors elle fut exemptée de la prestation de serment.

Président du Tribunal : « Savez-vous pourquoi sommes-nous ici ? »

Mme SAYI Louise Martin épouse KOUAKOU : « OUI ! Monsieur. »

Président du tribunal : « Alors, dites-nous ! »

Tous les samedis, nous organisons un buffet au restaurant. Ce jour du 13 mars 2016, comme je l'ai dit nous avions organisé un buffet. Je prenais la commande d'un des clients lorsque j'ai aperçu un homme courir de toutes ses forces et je pouvais lire la grande peur qui se dégageait de l'expression de son visage. Après cela tout est partie si vite que j'ai juste eu le réflexe de me cacher dans un coin de l'hôtel jusqu'à ce que le calme revienne. À partir des enregistrements des caméras de l'hôtel, il affirma avoir vu trois terroristes. Le directeur d'exploitation de l'hôtel, après les attaques de Ouagadougou, avait initié une formation à l'endroit du personnel sur la conduite à tenir en cas d'attaque terroriste. Elle avait appliqué les gestes et peut-être que cela lui avait sauvé la vie, ce 13 mars.

À la question du Procureur de savoir si avant le 13 mars 2016, jour de l'attaque, elle avait remarqué des faits assez inhabituels, elle répondit par l'affirmative. Avant le 13 mars, il y avait un client inhabituel qui venait s'asseoir au bar et commandait un coca-cola ou un jus de fruit. Puis, il visitait les lieux et posait des questions sur l'identité du propriétaire de l'hôtel. Il voulait savoir le type de clientèle qui fréquentait l'hôtel. Si c'étaient en grande majorité des hommes de race blanche par exemple. Cet individu était de peau claire, élancé et parlait français. Cependant, elle ne le reconnaissait pas parmi les quatre accusés qui étaient assis juste derrière elle.

15 heures 11 minutes : Le Procureur lui demanda de se plier à un exercice de mémoire. Elle accepta. Il demanda aux techniciens qui filment le procès de lui montrer des photos sur les écrans de télévisions installés dans la salle. L'un était placé face au Procureur et au témoin, et l'autre face au public qui assiste au procès. Malheureusement, elle ne reconnut aucun d'entre eux comme étant celui qui venait dans son hôtel. Elle n'avait pas subi de blessures corporelles mais elle dit l'avoir été émotionnellement pour cela elle demanda réparation. Elle reviendra pour déposer un dossier pour son dédommagement après réflexion. Ce que le Président du Tribunal accepta.

15 heures 33 minutes : Passage du deuxième témoin, Monsieur KOUAME Kouakou Bertin né le 7 novembre 1988 et domicilié à Abidjan, transporteur.

Contrairement à son prédécesseur, il veut se constituer partie civile alors il ne fut pas soumis à la prestation de serment. Il devint donc un témoin à la fois victime. Le Président du Tribunal prit le soin de lui expliquer avant tout le sens de se constituer partie civile. Il était un jeune robuste de teint noir à la barbe de bouc mais c'était un jeune qui semblait traumatisé. Il ne parlait pas de façon audible dans le micro. Le Président du Tribunal l'interpella à maintes reprises sans que sa voix ne puisse résonner dans la salle.

Le Président du Tribunal, excédé tenta de le toucher dans son orgueil d'homme, de dur garçon mais rien n'y fit. Le Procureur se leva et expliqua au juge que le garçon fut longtemps tourmenté par l'attaque de Grand-Bassam. D'ailleurs, sa mère qui avait prévenu le Procureur était dans la salle. Elle se leva pour rejoindre son garçon pour confirmer le propos du Procureur. Le garçon expliqua lui-même que les scènes de crimes avec des fortes quantités de sang l'avaient traumatisé.

Le 13 mars 2016, ses services étaient sollicités par des jeunes pour une excursion sur la plage de Grand-Bassam. Il transporta dix passagers de la commune de Treichville à Grand-Bassam. Il stationna son véhicule sur une rue avant de rejoindre la plage. Mais avant de rejoindre la plage, ils avaient cueilli par des tirs qui provenaient de la plage, plusieurs balles se logèrent dans son véhicule du côté conducteur. Aussitôt, ils se couchèrent par terre, des passagers descendirent du véhicule et prirent la fuite. Au départ, ils pensèrent à des échanges de tirs entre des policiers de la police criminelle et des bandits armés. Une fois hors du véhicule, ils se rendirent compte que certains de leurs camarades avaient été mortellement atteints. C'était le branle-bas. Mais, il revint plus tard pour porter assistance à d'autres victimes. Kouamé Bertin affirma avoir vu trois terroristes tirer sur des personnes ce jour-là. Sa mère rétorqua que son fils soufrait de syndromes post-crise. Il souffrait de problèmes émotionnels et mentaux créés par les attaques de Grand-Bassam. Le Procureur donna à la génitrice un rendez-vous le lundi suivant à son bureau afin qu'il soit mis en contact avec un médecin pour sa prise en charge. Cependant, il précisa que leurs soins après l'attaque avaient été entièrement pris en charge par l'État de Côte d'Ivoire.

V.2. Les avocats de la défense : Maîtres Éric Saki et Degé Kouassi

Dans leurs interventions, ils firent savoir au témoin la confusion sur la conformité de son propos du jour et le rapport de l'audition quelques jours après l'attaque. Une audition au cours de laquelle, il avait affirmé avoir vu quatre terroristes.

Troisième témoin : FADE Arouna, 73 ans, commerçant dans la commune de Treichville. Il a perdu un fils dans les attentats de Grand-Bassam.

FADE Arouna est un analphabète mais sa voix était audible. Il se présenta à la barre en qualité de témoin et victime. Le Procureur se leva et expliqua au Président du Tribunal qu'il serait bien d'expliquer au vieux Fadé l'expression « partie civile » car ayant perdu un fils dans l'attaque, il pourrait être considéré comme une victime. Après des explications du Président du Tribunal, le vieux Fadé se constitua partie civile. Le 13 mars 2022, il avait été joint vers 21 heures pour lui annoncer le décès de son fils. En effet, ce jour-là, il s'était rendu à la plage avec sa fiancée. Le jeune Fadé vivait encore avec son père car il n'était pas encore marié. Sa fiancée a eu la vie sauve. C'était le lendemain, qu'il s'était rendu à IVOSEP pour identifier la dépouille de son fils. Il reconnut son fils qui avait reçu une balle dans la tête.

Le Président du Tribunal ainsi que le Procureur lui présentèrent leurs condoléances avant que le premier ne lui demande le montant qu'il souhaitait en guise de dédommagement.

FADE Arouna :

« Je veux 100 millions comme dédommagement »

La salle éclata de rire. Le Président du Tribunal prit de colère par des rires, menaça de vider la salle et de faire passer certains devant le Parquet pour justifier tout son sérieux :

« Pensez-vous que sommes-nous là pour rigoler ? Je vais vider la salle si vous continuez »

Le calme revint systématiquement après les menaces ouvertes.

MERCREDI 14 DÉCEMBRE 2022

ACTE V

VI. Mercredi 14 Décembre 2022

VI.1. Acte V

D'entrée, le Procureur de la République ADOU Richard invita les journalistes à travailler consciencieusement et à relater les faits dans le respect des règles éthiques et déontologiques ensuite à ne pas se laisser aller au sensationnel. Les titres des journaux, ce mercredi 14 décembre 2022 l'avaient certainement laissé sur sa faim. Le Président du Tribunal avait laissé un message de façon subtile aux journalistes dont il savait leur présence dans la salle.

« Ce n'est pas parce que le Procureur est à cette audience qu'il ne peut pas poursuivre pour d'autres faits. » avait-il prévenu.

Après cela c'était le moment de passage des témoins.

Témoin 1 : Mme KRA Akissi Anne-Marie (elle s'est constituée partie civile, 46 ans, domiciliée à Cocody) :

« Mon frère aîné, KOUADIO N'guessan Gervais était membre des Forces Spéciales. On nous avait demandé de rentrer à la maison, le 13 mars 2016 parce que disait-on, il y avait des tirs à Bassam. Sur le chemin, on apprit qu'il y avait des morts mais je ne savais pas que j'avais un membre de ma famille parmi les personnes décédées. C'est plus tard que j'ai été invitée à me présenter à Yopougon-Maroc. C'est là-bas j'ai appris que mon frère aîné était décédé à Grand-Bassam. On m'informa aussi qu'il était parmi les éléments des Forces Spéciales qui étaient intervenus à Grand-Bassam. Il était parmi les premiers à conduire l'assaut et il avait reçu une balle. »

Le Procureur de la République :

« Le Parquet voudrait vous présenter ses condoléances et vous dire que vous pouvez être fier de votre frère. Il a donné sa vie pour la Côte d'Ivoire. »

Témoin 2 : GNAGNI Nyamké (il s'est constitué Partie civile, 34 ans, domicilié au quartier France de Grand-Bassam) :

« C'était un dimanche. J'étais assis avec mon cousin à la maison et nous avons entendu des tirs. Nous sommes allés vers la Paillote pour voir ce qui se passait. Mon oncle qui était avec moi a aperçu un homme arrêté qui tenait une arme AK47, nous l'avons vu de loin, il tirait dans la mer. Nous avons alors compris que ce n'était pas un braquage et aussitôt, nous avons quitté les lieux. Nous sommes allés vers l'embouchure. Et nous y avons découvert un homme qui était parmi nous, nous ne le connaissions pas mais il passait son temps à téléphoner. Nous lui avons demandé d'arrêter de téléphoner. Nous lui avons pris son téléphone et songions même revenir sur nos pas pour le noyer lorsque nous partirions vers Mondoukou. Nous avions retiré les cartes SIM pour les jeter ensuite. Le concerné s'exprimait dans une langue qui m'était inconnue, parlait beaucoup et se tenait debout malgré les tirs. Il passait des coups de fil à n'en point finir. On aurait dit qu'il cherchait à communiquer sa position. C'est cette attitude qui nous a conduits à lui arracher son cellulaire.

Revenus le lendemain à la maison à Grand-Bassam, le chef des jeunes du quartier nous demanda par la suite de retrouver les cartes SIM. Les cartes SIM étaient des compagnies de téléphonie mobile MTN et MOOV. La police scientifique, finalement récupéra les éléments. »

Le témoin réclama des dommages et intérêts de dix millions. Son cousin qui avait témoigné la veille réclama quant à lui quinze millions de francs CFA.

JEUDI 15 DÉCEMBRE 2022

ACTE VI

VII. Jeudi 15 décembre 2022

VII.1. Acte VI

Témoin 1 : FOUATI Fouazan Bénédicte (Partie civile, 35 ans, domiciliée à Abatta)

Dame FOUATI Fouazan Bénédicte est le premier témoin à être appelé à la barre :

« Je sais beaucoup de choses des événements de Grand-Bassam parce que ce jour-là, j'étais à la plage. J'ai reçu une balle dans le dos. La personne avec laquelle j'étais a reçu également une balle et en est décédée.

C'était entre 12 heures 30 minutes et 13 heures. Nous étions du côté de l'Étoile du Sud. J'étais face à la mer lorsque j'ai entendu une détonation. Avec mon ami, nous avons commencé à courir. Nous nous sommes couchés sur le sable quelques mètres après. Il essayait de me rassurer par des paroles. C'est après que j'ai commencé à sentir une brûlure à mon épaule gauche. J'ai constaté que j'avais été touché. Je suis persuadé que c'est au moment où nous étions couchés que nous avons reçu les balles. J'ai couru pour m'échapper avant de trouver un taxi pour aller à l'hôpital.

J'ai vu la personne qui a tiré. Arrivé à mon niveau, il tenait l'arme pointée en l'air puis se dirigea vers moi en s'exprimant dans une langue étrangère (peut-être de l'arabe) que je ne comprenais pas. Il avait un « foulard de la Mecque » autour du cou. Il était vêtu d'un jeans beige, une chemise à manches longues et un gilet sur la chemise. Curieusement, il est tombé et je ne sais pas pourquoi. J'ai eu un arrêt de travail de quatre mois à cause de ma blessure.

Mon ami s'appelait AKA Ehui. J'étais ce jour-là, la marraine de la nièce de mon copain qui fêtait son anniversaire. Nous venions d'entamer une relation amoureuse. »

Témoin 2 : TIAMA Yaya (26 ans, travaille dans le bâtiment, domicilié à Koumassi) :

« J'étais à Grand-Bassam, le 13 mars 2016. J'y suis arrivé vers11 heures. Je ne me rappelle pas du nom de l'endroit où nous étions mais nous y sommes arrivés en pensant par l'Étoile du Sud. Nous étions allés pour prendre du bon temps à la plage. Nous étions plus de neuf personnes et nous nous apprêtions à nager quand des hommes ont commencé à tirer. J'ai reçu des balles aux deux mollets. Je n'ai pas pu distinguer les personnes qui tiraient. Il y avait plusieurs tirs. J'ai reçu une balle dans chaque jambe alors je suis tombé, affaibli. Mon frère TIAMA Moustapha a été légèrement touché au niveau de l'abdomen. Il y avait des jeunes au bord de la voie qui avaient pris les blessés pour les conduire vers l'hôpital de Grand-Bassam puis au Centre Hospitalier et Universitaire (CHU) de Cocody. Je n'ai pas pu voir ceux qui tiraient. Les tirs étaient effrayants. C'est certain.

Le témoin TIAMA Yaya ne se souvient plus vraiment de grande chose et ses déclarations à la barre sont totalement contradictoires par rapport à celles du 16 mars 2016. Trois jours après l'attaque, alors qu'il était encore à l'hôpital, il avait affirmé avoir vu deux personnes dont l'une était en chemise bigarrée qui achevait systématiquement les blessés au sol. Il avait aussi dit dans sa déposition que son frère qui était avec lui avait filmé la scène. »

Le Procureur essaya de faire appel à son souvenir mais il persistait qu'il ne s'en souvenait pas…

Président du Tribunal : Vous souvenez-vous de vos déclarations faites à la police ?

TIAMA Yaya : « Non ! Monsieur ! »

Président du Tribunal : « Pourquoi ne vous souvenez-vous pas ? »

TIAMA Yaya : « Désolé mais je ne m'en souviens pas monsieur »

Président du Tribunal : « Vous nous aviez dit également lors de votre interrogatoire que votre frère TIAMA Abdoul Aziz avait filmé les tireurs et que vous nous remettiez le film qui était dans son téléphone portable »

Le Président du Tribunal et le Procureur demandèrent à TIAMA Abdoul Aziz de se rapprocher d'eux mais il ne réagit pas. Son frère fit savoir qu'il était dans la salle à l'ouverture de l'audience mais était sorti pour quelques instants. TIAMA Yaya resta imperturbable. Il n'avait pas vu les tireurs comme le Procureur l'avait lu dans le rapport de police. Il indiqua qu'il était placardé au sol lorsqu'il reçut les balles dans les mollets et perdit connaissance avant de se réveiller plus tard à l'hôpital.

TIAMA Abdoul Aziz fit apparition dans la salle alors le Président du Tribunal interrompit le Procureur en demandant aux policiers de retirer TIAMA Abdoul Aziz de la salle. Les témoins ne se voyaient pas et n'étaient pas installés ensemble mais séparément. TIAMA Abdoul Aziz se retira donc pour attendre son tour d'audition.

Le Procureur ne démordait pas car il voulait savoir :

« Pourquoi aviez-vous écrit dans vos déclarations avoir vu deux tireurs dont l'un était vêtu de jeans et d'un tee-shirt rouge qui tirait et achevait systématiquement les gens ? »

Les Avocats de la défense rebondirent sur le cas TIAMA Yaya et demandèrent au commissaire de justice de consigner dans le rapport que le témoin affirmait se souvenir de rien. Le Président du Tribunal le signifia au commissaire de justice.

Témoin 3 : TIAMA Abdul Aziz (Partie civile, 24 ans, domicilié à Koumassi)

« Le 13 mars 2016, j'étais à l'hôtel Étoile du Sud en bordure de mer. Nous étions en groupe, environ une dizaine. Nous sommes arrivés vers 11 heures. Nous y sommes allés en deux groupes. Nous étions dans un espace à côté de l'hôtel. Aux environs de midi, 13 heures moins, nous avons entendu des détonations. J'ai demandé à mes amis de ne pas paniquer, de rester calmes. Nous avions pensé à des pétards. Nous n'avions pas pensé à un attentat djihadiste. Alors quand nous avons vu les gens courir, nous étions déjà pris au piège. C'est là que nous avons aperçu un monsieur habillé d'un jeans et d'une chemise bleue qui tirait sur les gens qui étaient couchés au sol. Un autre tirait sur les bungalows. En tirant ainsi, il a atteint son comparse djihadiste… Je pense que c'est par mégarde que l'un des djihadistes a tiré sur son compagnon. Il ne pouvait pas savoir qu'il a tiré sur son acolyte, qui était au bord…

J'ai dit à mon frère de se lever pour quitter les lieux. Il ne pouvait pas, il avait été atteint des balles aux pieds. Je pensais qu'il était mort. C'est après que nous avons appris qu'il avait été interné au CHU de Cocody. C'est la Première Dame qui a assuré nos soins. »

Président du Tribunal : « Où étiez-vous le 13 mars 2016 ? »

TIAMA Abdoul Aziz : « J'étais à la plage non loin de l'Étoile du Sud, nous étions une dizaine de personnes y compris mon frère aîné TIAMA Yaya. »

Président du Tribunal : « Que s'est-il passé ce jour-là ? »

TIAMA Abdoul Aziz : « Nous étions sur la plage lorsque nous avons entendu des bruits lourds. En ma qualité de chef de la bande, j'ai demandé à mes amis de ne pas céder à la panique. J'ai pensé aux pétards puisqu'il y avait des personnes qui célébraient leurs anniversaires sur la plage. C'est après que nous avons vu les gens fuir dans tous les sens. Ce n'est qu'après que nous avons su qu'il s'agissait d'un attentat terroriste. Nous nous sommes couchés par terre sur la plage. Nous avons pu voir deux tireurs, l'un vêtu d'une chemise noire et d'une culotte à rayures tirait sur ceux qui étaient sur la plage et dans l'eau. L'autre tireur visait les bungalows. Mais en tirant, le premier tireur a touché le deuxième qui tirait vers les bungalows. Il s'écroula. Je pense que c'est par mégarde qu'il l'a atteint. J'ai été effloré au flanc par une des balles des tireurs. »

Président du Tribunal : « Yako ! Vous aviez été touché à la hanche mais vous ne vous en étiez pas rendu compte alors que vous saigniez même. Vous avez été interné à l'hôpital. Rassemblez vos souvenirs s'il vous plaît cela est important. Mais combien de personnes avez-vous vu le 13 mars ? Cela est important d'autant plus que lors de votre interrogatoire avec la police vous aviez donné des chiffres. »

TIAMA Abdoul Aziz : « J'ai vu deux personnes ce jour-là tirer sur les personnes mais c'est après les propos d'autres personnes présentes sur la plage soutenant qu'il y avait trois personnes que j'ai moi aussi adopté le nombre de trois personnes. Mon frère et moi étions couchés sur le sable, blessés, mon frère m'a dit qu'il allait saisir l'arme du terroriste qui avait été neutralisé pour nous défendre mais je l'en ai dissuadé. »

Président du Tribunal : « Dans le rapport de la police, votre frère avait également mentionné que vous aviez pu faire une photographie d'un des terroristes. Est-ce vrai ? »

TIAMA Abdoul Aziz : « Oui, je l'avais faite avec un téléphone de couleur rouge et de la marque Samsung à clapet. Malheureusement, je n'ai pas pu mettre ces éléments à la disposition de la police car je n'ai plus le téléphone. Je continue de fréquenter les plages de Grand-Bassam mais après les évènements, il m'était impossible. »

À la question du Président du Tribunal de savoir combien voudrait-il comme dédommagement, il répondit qu'il souhaitait réfléchir avant de se prononcer. Le Président du Tribunal accepta. Il devra reverser au Parquet son mémoire dans lequel il mentionnerait ses préjudices, ses certificats médicaux de guérison et le montant qu'il souhaitait en trois exemplaires datés et signés.

Témoin 4 : Mme YAMEOGO Juliette (Partie civile, 45 ans, domiciliée à Adjamé-Williamsville)

Président du Tribunal : « Souhaitez-vous vous constituer en partie civile ? Je vous explique, si vous avez été victime dans cette affaire, à la fin on vous réclamera ce que vous voulez comme montant en guise de dédommagement ».

Président du Tribunal : « Êtes-vous concernés par cette affaire et comment, où a-t-elle eut lieu ?

« Il s'agit de l'affaire de l'attentat de Grand-Bassam, elle s'est déroulée sur les plages de Grand-Bassam. J'y étais avec mes quatre enfants pour nous égayer. Le plus âgé avait quatorze ans et le plus petit avait dix-huit mois. Nous sommes arrivés quelque temps avant midi. Un jeune nous proposa de nous installer moyennant un billet. J'ai étalé des pagnes et nous nous sommes couchés. À peine couchés, les tirs ont commencé. J'ai d'abord, pensé à des pétards. Mais j'ai rapidement compris qu'il s'agissait des tirs réels alors nous sommes restés plaqués au sol. Mon petit garçon s'est mis à pleurer, j'étais couché sur lui pour le protéger. Il y avait juste à côté de moi un homme, et devant les cris de mon fils, il m'intima de le faire taire au risque de nous exposer aux tireurs. J'ai donc sorti mon sein pour le mettre dans sa bouche et c'est à ce moment que je me suis aperçu que mon fils avait été touché à l'épaule. Je levai ma tête et je vis le tireur qui tenait deux kalachnikovs. Il tirait dans tous les sens même dans l'eau. Il avait l'air d'être sous effet de substance.

Mon fils a été bien pris en charge. Nous avons été d'abord internés à l'hôpital de Grand-Bassam avant d'être renvoyé après au CHU de Treichville. En tout cas, nous avons été pris correctement en charge.

Mes deux fils ont été traumatisés. Le plus grand a mis du temps avant de se remettre mais aujourd'hui « Al hamdoulilah » je peux dire que ça va beaucoup mieux. Mes enfants s'étaient échappés pour se mettre à l'abri. Ils avaient été recueillis puis convoyés vers le CHU. Moi, même j'avais été atteint à la main mais je ne m'en étais pas rendu compte automatiquement. Ce n'est plus tard que je l'ai su. J'ai subi une opération chirurgicale en vue d'extraire le plomb. L'enfant de dix-huit mois, alors qu'il était évacué vers le CHU de Treichville, j'ai demandé à son père qui devait nous rejoindre à la plage de se rendre directement au CHU de Treichville auprès de notre fils pendant que je resterais avec les autres enfants. J'ai été prise en charge à l'hôpital de Grand-Bassam puis au CHU de Treichville »

Elle demanda des dommages et intérêts de 20 millions de FCFA.

Témoin 5 : AKA Ditch Mathurin (38 ans, domicilié à Grand-Bassam quartier France, partie civile) :

« Le Quartier France, c'est la vieille ville de Grand-Bassam. Il est situé de l'autre côté du pont. Le 13 mars 2016, j'étais devant notre domicile à 200 mètres de la mer. C'était un dimanche matin. J'échangeais avec mon cousin lorsque vers11 heures, nous avons entendu des coups de feu. Nous avions pensé à un braquage. Mon cousin qui était allé voir de près est revenu en courant parce qu'il y avait des tirs dans tous les sens. Nous avons replié de l'autre côté de l'embouchure. Au bout d'une heure, nous sommes revenus mais mon oncle à Abidjan m'a demandé de ne pas rentrer à la maison parce que selon lui, c'étaient des djihadistes qui s'étaient mêlés à la population et auraient déjà fait 50 morts…

Nous sommes allés nous cacher dans les hautes herbes derrière notre domicile. J'ai constaté la présence d'un jeune à nos côtés qui passait son temps à téléphoner alors qu'on y était tous pour se mettre à l'abri. Je lui arrachai son téléphone ensuite je le mis à mon oreille. Le correspondant parlait une langue « Ahoussa ou peul ». J'ai dit à la personne :

« Parlez en Français ».

Après, je lui remis son téléphone en le menaçant de ne pas l'allumer après que je l'ai éteint. Mais il s'est remis à téléphoner quelques minutes plus tard. Excédé par son opiniâtreté, je l'ai interrogé sur sa provenance. Il venait de la commune de Treichville.

Ce voisin de circonstance aux allures suspectes et assez bizarres n'avait pas laissé indifférents Mathurin et son ami.

Il avait un sachet bleu dans lequel il gardait certains effets. Nous avons fouillé le sachet et nous y avons trouvé des vêtements et un nouveau billet de 10.000 FCFA. Nous lui avons remis son sachet et son téléphone sans les cartes SIM après les avoir retirées et jetées. De retour au village, nous avons remis le téléphone au chef des jeunes. À la demande du commissaire de police de Grand-Bassam, nous avons retrouvé les deux cartes SIM dans la brousse là où on les avait jetées.

Témoin 6 : ASSOUKROU Jean-Claude (Simple témoin, 55 ans, artiste peintre domicilié à Grand-Bassam)

« Le 13 mars 2016, j'étais devant mon atelier que nous avons en commun avec des collègues artistes (son atelier est à une rue de Zion Beach. J'avais reçu deux Européens. Nous parlions des tableaux quand nous avons entendu des coups de feu qui semblaient venir du lieu où nous nous trouvions. La minute qui a suivi on entendit des rafales. On voyait des personnes qui couraient.

De ma position, je voyais la mer. Peu de temps après, un groupe de jeunes et de femmes étaient venus nous rejoindre nous faisant savoir qu'il y avait des tirs sur la plage. Nous avions oublié de fermer la porte arrière. C'est au moment où nous avons décidé d'aller la fermer que nous avons vu le dos du tireur… Il passait entre les véhicules pour se diriger vers les plages. Nous sommes restés enfermés avec toutes les personnes qui étaient venues nous rejoindre pendant longtemps. Les femmes nous ont expliqué que des gens avaient tiré sur de nombreuses personnes à la plage. C'est après que nous avons vu les forces de sécurité arriver. Je connais un des inculpés, Sérime Dame Gueye, un vendeur ambulant. Il habitait Grand-Bassam, tout le monde le connaît et avait la facilité de parler aux clients. Il était régulièrement dans le secteur de la plage. ». Cependant, je ne saurais dire s'il est parmi les inculpés. Les tirs auraient débuté vers 14 heures jusqu'à 17 heures après l'intervention des Forces Spéciales. Pendant ce temps, ils s'étaient enfermés dans un coin de l'atelier d'où il dit avoir vu un seul tireur de dos puis de face.

Le Procureur lui demanda si les personnes qui les avaient rejoints leur avaient expliqué les faits et s'il y avait des blessés parmi elles. Il n'y avait pas de blessés parmi elles mais la porte de son atelier portait des impacts de balles.

L'avocat demanda à le soumettre à l'exercice de reconnaissance faciale des quatre accusés. Le

Président du Tribunal demanda aux quatre accusés de se tenir debout. Le témoin était incapable reconnaître le tireur qu'il avait vu six ans plus tôt.

L'Avocat de la défense lui demanda alors de raconter ce qu'il avait vu le 13 mars 2016 mais le Président du Tribunal l'arrêta en ce sens que le témoin avait longuement fait le récit de ce qu'il avait vu ce jour-là.

C'est alors que le Président du Tribunal annonça l'entrée du prochain et dernier témoin, il invita les quatre accusés à poser des questions s'ils sentaient le besoin car cela allait de leurs droits. »

L'Avocat de la défense fit une diligence, celle de faire intervenir à la barre des témoins dont leurs témoignages paraissaient capitaux. Il s'agissait du Commandant de l'Unité des Forces Spéciales qui avait mené l'assaut sur la plage, le général Bassanté de la Gendarmerie Nationale qui était aussi sur le site avec ses hommes. Il y avait aussi le sieur TANOE Luc Antoine, manager du restaurant Canal Beach et Issa, manager du complexe Wharf. Le Président du Tribunal accepta la requête de l'avocat et instruisit le Procureur de procéder de la même manière afin de faire comparaître les concernés dans la mesure de ses possibilités.

Il faudra parler fort afin qu'on vous entende, c'est aussi simple qu'on vous le demande.

- « Comment vous appelez-vous ? », interrogea le Président du Tribunal

Mais, il n'entendit aucun mot alors il insista : « Plus fort, plus fort ».

Témoin 7 : FADE Drissa (26 ans au moment des faits, habite Treichville, frère d'une victime)

D'entrée, le Président voulu savoir s'il souhaitait des réparations. Pour lui, l'argent ne peut remplacer la vie d'un être humain mais le Président lui rétorqua qu'il en avait conscience sauf que la loi l'autorisait à demander une réparation du préjudice subi. Son géniteur FADE Drissa était passé à la barre avant lui. Ils avaient appris la nouvelle du décès de leur frère par les services officiels. Ils s'étaient donc rendus à Ivoire Sépulture de Treichville (IVOSEP) afin d'identifier la dépouille de son frère.

MERCREDI 21 DÉCEMBRE 2022

ACTE VII

VIII. Mercredi 21 décembre 2022

VIII.1. Acte VII

Il était un peu plus de 13 heures le mercredi 21 décembre 2022, lorsque l'audience fut ouverte. Le juge BINI Charles affichait la sérénité qu'il avait depuis le début des audiences. Le Tribunal était au grand complet. Le procureur dans son réquisitoire désigna Monsieur AMOIKON Kouadio Jean Claude qui représentait dame AMOIKON Kouadja sa sœur aînée dont le fils est une victime de l'attaque. AKA Harvey, frère cadet de la victime AKA Ehui s'était constitué partie civile. Madame AKA Christiane petite sœur de AKA Ehui ainsi que AKA Ange Axel Emmanuel petit frère de dame AKA Ehui s'étaient eux aussi constitués partie civile.

Monsieur TIAMA Yaya et Monsieur AKA Mathurin qui avaient été entendu auparavant apportèrent des éléments pour qu'ils soient versés à leurs dossiers. Dans les auditions précédentes, il était question qu'ils apportent par écrit les montants souhaités de leurs dédommagements. Un membre du public fut invité à se tenir debout par le Procureur. Il s'agissait d'un garçon de 19 ans. Il se nommait KOUADIO Christian et était le fils de KOUADIO N'guessan Gervais, un élément des Forces Spéciales décédé sur la plage de Grand-Bassam lors de l'assaut. Le jeune homme entendit se constituer partie civile. Le Procureur cacha à peine sa satisfaction.

Les Avocats de la défense avaient souhaité avoir accès au rapport de la DST qui s'était rendue au Mali pour entendre deux détenus dans une prison. En outre, ils voudraient savoir s'il y avait un lien avec les quatre accusés. Les avocats avaient souhaité également avoir copie des notes d'audience en d'autres termes les différents rapports des procès-verbaux.

Le Procureur leur répondit qu'il n'était pas en mesure de leur fournir les différents procès-verbaux compte tenu du temps qui était restreint. Les Avocats souhaitèrent donc un renvoi à la date qui plairait au Procureur afin de lui permettre d'obtenir lesdits procès-verbaux. Cependant, le Procureur s'opposa au renvoi au motif que les réquisitions n'étant pas tributaires des plaidoiries de la défense.

15 heures 06 minutes : Suspension de l'audience par le Président du Tribunal

15 heures 16 minutes : Reprise de l'audience (une sonnerie retentit dans la salle)

L'Avocat de la défense afficha un ton hermétique : « Nous ne sommes pas là pour faire le dilatoire par conséquent nous demandons au Président du Tribunal d'ordonner à la DST de produire les procès-verbaux afin que nous puissions défendre valablement nos clients ». Les Avocats de la défense malgré leur jeunesse affichaient une sérénité sans toutefois manquer de rendre au Procureur les hommages dus à sa riche et brillante carrière. Ils n'avaient cessé de rappeler depuis de début des audiences qu'il s'agissait de faire la lumière sur l'attentat de Grand-Bassam. En d'autres termes, mettre au jour toute la vérité liée à cette affaire qui avait endeuillée la Côte d'Ivoire. Face à l'intransigeance des Avocats de la défense, l'Avocat de la partie civile proposa que le Tribunal leur accorde un délai afin de leur permettre de consulter les notes des audiences au moins, vu que les procès-verbaux n'étaient pas disponibles. Le Procureur leur fit comprendre que ce procès était la conséquence d'un attentat terroriste qui avait causé la mort de 19 personnes et fait 33 blessés. Le Procureur avec un ton sérieux souligna que les quatre individus présents dans le box des accusés n'avaient pas été ramassés sur le bord d'une route mais avaient été en lien étroit avec le cerveau de l'attaque. Ce n'était donc pas par un malheureux hasard qu'ils se trouvaient à cet endroit. Il interrogea :

« Qui a été le chauffeur de KOUNTA Dallah ? Qui a accompagné KOUNTA Dallah à l'aéroport après l'attaque ? Qui a gardé la voiture qui a servi au transport des terroristes ? ».

Les Avocats de la défense se concertèrent en se chuchotant dans les oreilles. Les débats étaient houleux entre le Procureur et les Avocats de la défense.

VIII-2. Réquisitoire du Procureur

Ce 13 mars 2016, les marchands de la mort ont tué 19 personnes et blessé 33 autres. Toute une abomination commise au nom de Dieu (l'Avocat de la Défense l'a dit), de leur Dieu. Un Dieu marchand de la mort, meurtrier, assassin qui prodigue la mise à mort d'innocentes personnes sans sommation aucune. Un Dieu différent de celui que nous connaissons tous, qui est miséricordieux, amour, et bonté. Une abomination commise au nom d'une croyance qui ne profite qu'à ceux qui ont commis ces actes de lâcheté. Je voudrais pouvoir exprimer avec respect ma compassion à toutes ces familles endeuillées, à toutes ces personnes endeuillées, amputées qui porteront à jamais les stigmates de cette monstruosité. Même si les mots sont dérisoires même si je ne sais rien, je ne pourrai jamais égaler ce que l'on pourrait appeler « la journée de l'horreur ». Monsieur le Président, les accusés KOUNTA Dallah, OULD Mohamed Ibrahim, HAMZA Ben Mohamed, MINI Baba Ould El Mokhtar, Allou DOUMBIA, DICKO Midi, CISSE Sidi, DIALLO Ali, GUAYE Oumar, KANDIALLO Mamadou, HAIDARA Boubacar Mahadi, KONE Souleimin Moussa, Yanourga KONE et CISSE Aly, et par décision contradictoire à l'égard de KOUNTA Sidi Mohamed, CISSE Mohamed, BARRY Hassan et

CISSE Hantao Ag Mohamed ont tous été attraits à la barre de votre Tribunal à l'effet de répondre pour des faits d'acte de terrorisme de détention d'armes de guerre, et complicité desdits faits perpétrés à Grand-Bassam le 13 mars 2016. Il est de coutume de commencer par les accusés mais j'ai voulu à dessein et volontairement, commencer par les malheureuses victimes dont les faits, en ce qui concerne ceux qui sont prévenus sont punis par les articles 1,2,3,8 et 10 de la loi 2015-487 du 7 juillet 2015 portant répression du terrorisme et des articles 5, 13,14 de la voie numéro 98 -79 du 29 décembre 1998 portant répression des infractions à la réglementation sur les armes, munitions et substances explosives.

« Monsieur le président, de quelle affaire s'agit-il ? Dans la journée du 13 mars 2016, vers 12 heures 30 minutes, des individus armés de fusil d'assaut de types AK 47, et de grenades défensives faisaient irruption sur la plage de Grand-Bassam, passant par 'Canyon Beach' constitué de bungalows et situé en bordure de mer. Ils ouvraient d'abord le feu sur toutes les personnes qu'ils y avaient trouvées puis se dirigèrent vers les complexes hôteliers l'Étoile du Sud et la Caverne Bassamoise où ils abattaient froidement toute personne. Sur intervention des forces de l'ordre, deux assaillants étaient tués vers le restaurant « La Paillotte ». Le troisième était décédé plus tôt sous les balles de ses compagnons. L'enquête menée avait révélé que l'attaque avait fait 19 morts et 33 blessés. Parmi les personnes décédées, se trouvaient diverses nationalités ; ivoirienne, française, malienne, macédonienne, libanaise et nigériane. Enfin, les investigations avaient permis de mettre la main sur trois fusils AK 47, 8 grenades défensives, 3 porte-chargeurs, une chemise imbibée de sang et 86 munitions de 7,6 millimètres. Un médecin légiste à savoir dame YAPO Hélène aurait été requise à l'effet de procéder à l'autopsie des corps des présumés victimes. Des rapports ainsi produits avaient été versés à la procédure (que vous avez devant vous). Plusieurs personnes avaient été aussi entendues pour leurs témoignages. Il était ressorti de l'interrogatoire de GUEYE Serigne N'diaye, antiquaire de son état (nous avons lu sa déclaration ici), que pendant le week-end de la fête de saint valentin, il trouva trois individus assis au restaurant vers 13 heures. À la question de savoir si c'étaient des Sénégalais en raison de leur accent, il répondit que c'étaient des Mauritaniens. Au cours de leurs discussions, ils lui demandèrent comment se présentait la ville de Grand-Bassam car ils envisageaient d'ouvrir une boutique à Grand-Bassam et promettaient de revenir en lui demandant de leur trouver des compagnes. Avant leur départ, ils lui avaient offert une bouteille de limonade lors de leurs échanges en langue peule. Le 13 mars après leur départ vers7 heures soit un mois après, il avait aperçu un individu arrêté derrière le portail de l'entrée principale du restaurant qui observait dans la cour à travers les claustras. À l'arrivée du gérant COULIBALY Martin Eugène, ce dernier lui faisait savoir qu'il s'agissait de clients d'origine mauritanienne qui étaient là pendant la Saint-Valentin. Par la suite, le susnommé les avait installés dans un bungalow. Le plus âgé d'entre eux qui parlait toujours au nom des autres membres du groupe lui annonça qu'il reviendrait avec ses autres copains pour passer toute une journée sur la plage.

Entre 11 heures et 11 heures 30 minutes, le chef d'équipe identifié comme KOUNTA Dallah, vêtu pour la circonstance d'un boubou traditionnel « Haoussa » était revenu avec une quatrième personne qui tenait une glacière que deux autres individus partageaient avec un bungalow. Au même moment, une délégation américaine arriva et s'en alla au musée. Pendant qu'ils étaient dans le musée, un jeune vint leur annoncer que des terroristes s'y trouvaient. Apeurés, ils se mirent à l'abri jusqu'à la fin de la fusillade qui avait été déclenchée. Il termina par les deux assaillants avaient séjourné sur leur bungalow pendant au moins deux heures avant de lancer les hostilités. Ces propos de dame Serigne GUEYE étaient corroborés par COULIBALY Martin Eugène. Des propos soutenus également par dame Adja, tenancière de « Zion Rock » qui indiqua que c'était depuis son espace que les terroristes avaient déclenché leur assaut sur les différents sites, ce dimanche 13 mars, jour d'affluence sur les plages. Empruntant des couloirs à environ 50 mètres de « Zion Rock » les terroristes étaient parvenus facilement au « Jah Time », leur point de chute. En ce lieu, un mort et deux blessés étaient à déplorer.

Au « Jah Time », Eblin Rose ETETCHI déclara qu'elle était assise avec ses enfants au bord de la plage, lorsqu'elle entendit un premier tir et aperçut par là même un individu qui passait puis un second qui libérait des rafales. Entendus, TANGARA Salif et SAMAKE affirmaient avoir vu entre « Jah time » et « Canaon Beach » un premier tireur puis deux autres dont l'un libéra une rafale qui blessa une jeune fille qui s'affaissa. Elle succomba à ses blessures au CHU de Treichville. AKA Bitchi et Christian déclarèrent qu'assis sur un banc, ils avaient vu deux assaillants du type maghrébin faire irruption dans leur réceptif hôtelier et ouvrir le feu sur les clients. Ces derniers par réflexe s'étaient mis à l'abri. À peine, s'était-il tenu debout qu'un troisième assaillant avait fait irruption. Il se cacha dans le bungalow. Les assaillants tout en tirant s'orientaient vers la plage.

TIZIE Pacôme, manager de l'espace « Canaon Beach », quelque temps seulement après avoir installé des clients, aperçut trois individus armés de kalachnikovs qui tiraient dans tous les sens. Il fit observer qu'au moment des tirs l'un des assaillants qui avait été atteint au pied par l'un de ses compagnons se traîna jusqu'en bordure de mer. Il ajouta que les deux autres s'en allèrent dans la direction de l'« Étoile du Sud », en continuant d'ouvrir le feu. Quelques instants plus tard, les mêmes individus revinrent sur leurs pas pour rejoindre leur camarade blessé. Non pas pour lui porter assistance mais pour l'achever avant de prendre la direction des hôtels « Le Wharf » et « La Paillotte », en emportant avec eux l'arme de leur compagnon. Les témoins déclarèrent qu'ils seraient en mesure d'identifier les individus.

TIAMA Abdel Aziz avait aperçu également trois assaillants qui tiraient dans tous les sens et dont l'un d'entre eux reçut en fin de compte une balle. Étant les maîtres des lieux, les terroristes visitèrent la quasi-totalité des complexes hôteliers sur la plage. Ainsi, après le « Jah Time » où les terroristes firent une victime mortelle et « Canaon Beach », l'« Étoile du Sud » fut le théâtre d'une autre fusillade.

Entendu, KOUA Armand maître-nageur à l'« Étoile du Sud », ayant entendu, ce jour-là, des tirs sur la plage, fit sortir les nageurs de l'eau, croyant à l'opération d'un braquage. Alors qu'il s'apprêtait à filmer la scène à l'aide de son téléphone, il aperçut un individu vêtu d'un pantalon noir, une chasuble noire et tenait une arme. Après avoir exécuté des tirs, KOUA Armand se cacha dans le sous-sol et y resta jusqu'à l'intervention des forces de l'ordre. GUEU Romarik, réceptionniste à l'« Étoile du Sud », à son tour témoigne avoir vu, ce jour-là, les gens courir pour se réfugier à cause des tirs dont personne ne connaissait l'origine. Depuis sa position, il aperçut un homme armé dans le jardin de l'hôtel. Celui-ci se dirigeait vers la plage où il était rejoint par un autre homme armé, avant de se diriger tous les deux vers « Corail Beach », pour ensuite s'en aller vers le « Wharf hôtel ». Certains individus présents sur la plage avaient affirmé que ces hommes étaient d'ethnie peule ou peut-être de nationalité—Malienne ou Burkinabé. OUASSI Roger, jardinier à « Étoile du Sud », déclara qu'après avoir entendu des coups de feu vers 12 heures 45 minutes, il aperçut un homme venir dans sa direction avec une arme à feu. S'étant mis à l'abri, il avait pu voir cet individu ouvrir le feu sur tous ceux qui étaient sur son passage.

Radiatou DIALLO, entendue, confia qu'elle se trouvait non loin de l'« Étoile du Sud » avec son ami FADE Fodé. C'est à l'heure du déjeuner, qu'ils entendirent les premiers coups de feu qui se rapprochaient de plus en plus avant d'apercevoir des assaillants qui tiraient dans tous les sens. Leur but était d'atteindre le maximum de personnes. Ces derniers avaient également pris pour cible des personnes qui se trouvaient dans la mer. Poursuivant, elle indiqua qu'ils s'étaient retrouvés dans un étau avec son ami FADE Fodé face à un assaillant qui leur ordonna de se coucher avant d'ouvrir le feu sur plusieurs personnes dont FADE Fodé tout en criant : « Allah Akbar ». Elle doit sa vie à la providence. Radiatou DIALLO avait été épargnée par le tireur qui se retourna en levant deux doigts comme en signe de victoire.

AKOU Ahou Marcelline employée à la « Caverne Bassamoise », présente sur la plage le jour des faits, expliqua avoir entendu des coups de feu et avoir vu des individus courir pour trouver refuge. Elle avait distingué par la suite deux personnes armées qui cherchaient fougueusement d'autres personnes et ouvraient systématiquement le feu sur elles.

OUANA Hubert présent à la « Caverne Bassamoise » affirma avoir passé un moment en compagnie de Jean Edouard CHARPENTIER avant de le quitter pour se retrouver à l'espace « Transit » de la plage où il entendit des coups de feu. Face à la puissance des tirs, ses amis et lui avaient escaladé la clôture pour se retrouver à la « Madran » puis de l'autre côté de la rue. Il apprendra plus tard le décès de CHARPENTIER et un autre de ses amis dans la fusillade.

YOUSSOUF mentionna sa présence sur la terrasse à la « Caverne Bassamoise » et échappa aux assaillants en faisant le mort au milieu des escaliers d'où il fut le témoin de l'assassinat de deux ressortissants français.

S. Adama quant à lui, se trouvait, ce jour-là, à la « Caverne Bassamoise » où il travaillait en qualité de serveur. Après avoir reçu un client de type européen vers 12 heures 30 minutes, il entendit des coups de feu vers l'« Étoile du Sud ». Des gens couraient vers leur espace lorsqu'un individu surgit derrière la clôture, après eux, pour leur tirer dessus. Sur la terrasse, trois individus de type européen étaient encore assis autour de leur table. L'individu qui tirait atteignit l'un d'eux au niveau de « La Nouvelle Paillotte ». Il se dirigea, ensuite, vers les deux autres assis sur la terrasse. Il ouvrit le feu sur l'un eux, qui tentait de s'échapper pour s'abriter derrière un pilier. Une fois à terre, il lui tira une balle dans la tête pour l'achever. Un troisième client de nationalité française qui avait tenté de rentrer au parc sans succès se retrouva sur le chemin du tueur dans les escaliers, il tira également sur lui. Il s'affaissa. L'assaillant prit alors contrôle des escaliers, arme au poing, jetant des regards autour de lui et après n'avoir vu personne cessa les tirs, il descendit des escaliers pour se rediriger vers les masses. Puis, vers la piscine. De là, on entendit encore des tirs vers la plage ce qui fit penser qu'il y avait encore un tireur vers la plage. D. P. serveur à la « Madran » déclara qu'il servait les clients sur la plage ce jour-là, lorsque des tirs se firent entendre vers l'« Étoile du Sud ». Il affirma ensuite avoir vu un assaillant qui usait de son arme pendant qu'un deuxième assurait sa couverture.

Quant à Issa OUATTARA, manager à Grand-Bassam au « Wharf Hôtel », il indiqua qu'il était en attente de la réception une délégation américaine dans son hôtel lorsqu'il vit trois individus armés de type africain ouvrir le feu sur toutes les personnes qu'ils apercevaient. Ces individus étaient tous vêtus de jeans et de chemises manches longues. Ils avaient les visages découverts, armés de kalachnikovs et criaient : « Allah Akbar », après chaque coup de feu.

OUATTARA Sinan responsable de la sécurité au « Wharf Hôtel », corrobora les propos de Monsieur Issa OUATTARA lors des audiences des enquêtes préliminaires.

Miézan KOFFI Jacques en service ce jour-là à « La Nouvelle Paillotte » dit avoir entendu des tirs puis aperçut deux personnes armées entrer dans le restaurant. Elles ouvrirent le feu en direction des tables autour desquelles étaient installés des clients qui n'avaient pas eu le temps de s'abriter. Une troisième personne les rejoignit. Toutes les trois, elles restèrent sur place jusqu'à l'arrivée des Forces Spéciales.

LEONARD de Jean Luc a indiqué être présent au moment des faits sur la plage à « La Nouvelle Paillotte ». Il souligna également avoir été victime de blessures de même qu'une Libanaise et une Allemande dont les auteurs étaient de race africaine.

Patrick COLLEN, propriétaire de « La Nouvelle Paillotte » qui a comparu à la barre du Tribunal a déclaré que le jour des faits, deux individus armés s'étaient introduits dans son complexe hôtelier puis avaient ouvert le feu sur les clients faisant deux victimes. Pour lui, il avait le sentiment que ceux-ci attendaient l'arrivée des Forces de Sécurité pour en découdre car ils allaient et revenaient mais ne cherchaient pas à quitter le site.

LOSSO Yves Jean présent à l'hôtel « Corail Beach », quant à lui révéla qu'un individu avait surgi dans les locaux, ouvert le feu, tuant une femme de race blanche et une autre de race noire. Les victimes s'écroulèrent à quelques mètres seulement. Le tireur qui semblait déterminé se dirigea par la suite vers le restaurant de l'hôtel toujours en tirant. LOSSO Yves Jean en profita pour quitter les lieux afin d'éviter d'être atteint mortellement.

MOH Dezy, entendu, confirma les déclarations de LOSSO Yves Jean et ajouta que l'assaillant qui avait aperçu un blessé qui rampait pour rejoindre « Corail Beach », s'approcha de lui et logea deux balles dans son corps. La victime était de sexe féminin. Un homme de race noire qui avait tenté de secourir la dame reçut une balle à son tour. MOH Dezy apprendra plus tard l'amputation de la jambe du valeureux secouriste.

FOUATI Fouza Bénédicte relata avoir reçu une balle à l'épaule gauche vers 13 heures sur la plage de Grand-Bassam où elle s'était rendue avec son fiancé pour avoir du repos. Malheureusement, son fiancé avait pris rendez-vous avec la mort. Il eut le crâne déchiqueté par les tirs des assaillants. Elle avait le sentiment que l'un des assaillants était sous l'effet d'une substance excitante. Il dandinait, tombait puis se relevait avant de s'effondrer encore et encore sans aucune raison apparente.

YAMEOGO Juliette, 45 ans et domiciliée dans le quartier de Williamsville dans la commune d'Adjamé relata la pire journée de sa vie. Elle était sur la plage avec ses quatre enfants à profiter du vent frais des vagues de la mer lorsqu'elle entendit des détonations qui se rapprochaient. Par la suite, elle aperçut un individu de race noire armée de kalachnikov qui donnait l'impression d'être sous l'effet de substances toxicologiques car il tombait puis se relevait. Les individus sur la plage couraient en direction de la mer pour s'échapper mais le terroriste continuait de tirer dans leur direction. YAMEOGO Juliette se réfugia derrière un palmier avec son enfant de dix-huit mois. Les plus grands s'étaient échappés en courant. C'est dans son abri de fortune qu'elle constata qu'elle avait été blessée ainsi que son plus petit garçon.

Ayété, N'GUESSAN Raoul, agent à l'Unité d'Intervention de la Gendarmerie Nationale

(UIGN) en service le 13 mars 2016 avait été alerté par son Commandant d'Unité vers 13 heures pour une intervention à Grand-Bassam. Se référant à cette information, il s'était rendu à Grand-Bassam avec son équipage. Une fois sur place, ils lancèrent l'assaut aux côtés des Forces Spéciales. L'agent de l'UIGN, lors de son témoignage, révéla avoir vu le dernier terroriste abattu, une chasuble accrochée à sa ceinture.

BASSANTE Badara Ali, colonel et commandant des Unités d'Intervention de la Gendarmerie Nationale au moment des faits, aujourd'hui Général, comparut au Tribunal pour donner sa version des faits. Il déclara avoir été alerté à 13 heures 18 minutes d'une fusillade en cours à Grand-Bassam. Il mobilisa par conséquent son équipe au niveau du camp avant de se rendre d'urgence sur les lieux. Puis, initia une opération de coordination des Forces qui étaient présentes sur le théâtre des opérations. Sur place, le colonel BASSANTE trouva le capitaine SEKONGO des Forces Spéciales mais il était blessé. Une forte détonation retentit puis un élément des Forces Spéciales tomba, certainement touché par une grenade défensive... Il récupéra une kalachnikov sur les lieux après la fin des opérations. Une pièce justificative qui constitua également les scellés qui étaient au dossier.

Le capitaine SEKONGO Kitchafowori en service aux Forces Spéciales affirma à la barre qu'après avoir reçu les informations de l'attaque, il mobilisa ses hommes pour une intervention sur les lieux. Une fois sur les lieux, ils engagèrent les hostilités. Au cours des premiers échanges de coups de feu, au niveau de « La Nouvelle Paillotte », deux terroristes furent neutralisés. Malheureusement, il enregistra des victimes de son côté ; trois éléments des Forces Spéciales avaient été tués sur le coup et deux blessés dont lui-même.

« Monsieur le Président, Messieurs les assesseurs, plusieurs suspects avaient été alors interpellés juste après l'attentat, qui d'ailleurs fut revendiqué le soir du 13 mars 2016 par AQMI (Al Qaeda au Maghreb Islamique), qui, dans un communiqué officiel indiquait que les assaillants se nommaient : Hamza Al-Foulani, Abderrahmane Al-Foulani et Abou Rahmane Al-Ansari encore appelé Boubacar, Malick et Al Hassan en précisant que les deux premiers étaient issus des rangs du groupe 'Al Mourabitoune', mouvement terroriste dirigé par l'algérien Mokhtar Belmokhtar.

Interpellé et interrogé, CISSE Mohamed reconnut avoir fait la connaissance de KOUNTA Dallah, courant février 2016 par l'entremise de son ami KOUNTA Sidi Mohamed qui l'avait présenté comme son beau-frère et charlatan. Il affirma que KOUNTA Dallah avait exigé et obtenu un local à lui tout seul et ce en participant lui-même à la recherche du local. Il précisa que son chauffeur IBRAHIM Ould Mohamed alias Ibrahim et lui avaient quitté le territoire national respectivement les 15 et 17 mars 2016 puisqu'il avait raccompagné le premier nommé à l'aéroport à deux reprises. La première fois, c'était pour prendre le billet d'avion et la seconde fois c'était pour quitter le pays. Il avait escorté le second dans une gare inter urbaine dans la commune de Port-Bouet. IBRAHIM Ould Mohamed, chauffeur de KOUNTA Dallah avait laissé entendre que son patron se rendait au Mali pour y rencontrer un riche homme d'origine arabe.

Interrogé à son tour, KOUNTA Sidi Mohamed déclara que le 10 février 2016, KOUNTA Dallah l'avait contacté pour lui faire part de son arrivée à Abidjan pendant qu'il était à Boundiali. Il en était revenu avec une seconde épouse. Durant la journée du 15 et du 16 février 2016, il avait fait savoir à KOUNTA Dallah ainsi qu'à son chauffeur OULD Mohamed que sa demeure était restreinte pour les héberger longtemps. Ces derniers dormirent sur la terrasse pendant trois jours avant de trouver une villa dans le quartier Adjouffou de Port-Bouet, précisément au Nouveau Quartier. Le 14 février 2016, KOUNTA Dallah et son chauffeur IBRAHIM Ould Mohamed s'étaient rendus à Grand-Bassam pour se divertir. Quant à lui, il soutint s'y être rendu une seule fois à Grand-Bassam, le 6 mars 2016. Ils avaient nagé ensemble et s'étaient divertis. En ce qui concerne le dimanche 13 mars 2016, il indiqua que KOUNTA Dallah s'était rendu seul à son domicile. Ils y seraient restés ensemble jusqu'à 15 heures, heure à laquelle ils avaient entendu une femme en informer une autre qu'il se déroulait une attaque à Grand-Bassam. C'est alors que KOUNTA Dallah s'était écrié : « Allah Akbar ». Il conclut qu'à la suite de son départ au Mali, KOUNTA Dallah l'avait contacté à deux reprises. La première fois, c'était pour remettre la somme de 40.000 francs CFA à IBRAHIM Ould Mohamed et la seconde fois, c'était pour qu'il effectue un transfert électronique d'argent. Cependant, il jura n'avoir jamais vu le véhicule de type 4X4 utilisé par les terroristes. Il fit aussi observer que KOUNTA Dallah l'avait contacté depuis le Mali afin de savoir s'il avait été inquiété en rapport avec l'attaque de Grand-Bassam. La perquisition du 27 mars 2016, effectuée au domicile de CISSE Mohamed et KOUNTA Sidi Mohamed mit respectivement à l'évidence deux photographies dont une de KOUNTA Sidi Mohamed le concerné et l'autre d'un visage voilé avec des écritures en langue arabe comme légende.

Quant à CISSE Mohamed, il fut découvert à son domicile, six matelas avec leurs taies d'oreillers, une bouteille de gaz butane de type B6, deux ventilateurs et deux chaises. Tout cela lui avait été confié par KOUNTA Dallah avant son départ vers le Mali. CISSE Hantao Ag

Mohamed indiqua avoir été interpellé avec son frère CISSE Sidi à leur boutique à Adjouffou. Après avoir passé une nuit chez KOUNTA Mohamed son voisin, il nia toute implication dans l'attaque mais avoua par ailleurs s'être rendu à Grand-Bassam en 2016. Cependant, CISSE Mohamed jura ne pas connaître KOUNTA Dallah encore moins CISSE Ibrahim. CISSE Hantao termina sa déposition en soutenant n'avoir jamais été à Grand-Bassam en compagnie des individus susmentionnés.

S'agissant de BARRY Hassan alias Ange BARRY Battesty, interrogé sur son identité, il lâcha dès l'entame de son audition se nommer BARRY Battesty Ange François, né des deux parents ivoiriens avant de se rétracter et d'annoncer que c'était une fausse identité et les documents y afférents avaient été établis par sa sœur BARRY Maimouna au commissariat de police de Dabou. L'objectif de cette usurpation d'identité était d'utiliser les faux documents pour se rendre en Europe. Il confessa être de nationalité Burkinabé, né des deux parents eux-mêmes burkinabés d'origine et peuls par leurs ethnies. Ces grands-parents étaient à la fois burkinabés et maliens mais il détenait des documents qui lui conféraient la nationalité ivoirienne en prétextant que sa mère était de nationalité ivoirienne. Quant à ses connexions avec HAMZA Ben Mohamed, BARRY Hassan prétexta que c'était un autre ami nommé

BAKAYE domicilié à Dabou qui les avaient mis en contact, avant de se rétracter une fois encore. En plus, le 5 septembre 2015, il avait accepté de servir de chauffeur bénévole à HAMZA en le conduisant jusque dans la ville de Ouagadougou (Burkina Faso) mais une fois sur place ce dernier lui demanda de devenir son chauffeur personnel pour une période d'un an. À l'issue de ce temps, il l'aiderait à rejoindre l'Europe en guise de récompense. Toujours dans le même mois de septembre, il accompagna HAMZA Ben Mohamed à Bamako (Mali) qui le présenta à sa mère, son frère aîné, les frères cadets et son cousin. La famille élargie en somme.

« Monsieur le Président, à ce stade de mes propos, j'aimerais m'arrêter deux minutes afin de vous permettre de souffler en attendant. Et aussi, vous faire savoir ainsi qu'à votre Tribunal que le Parquet n'entend pas abuser de votre patience mais dans une cause similaire, lorsqu'il eut les attentats du Bataclan en France, comparaison n'étant pas raison, le ministère public avait requis pendant trois jours mais je vous ferai l'économie en requérant un seul jour. Cela dit, je continue ; de septembre 2015 au 28 février 2016, il conduisit HAMZA de Niamey (Niger) à Ouagadougou (Burkina Faso) ensuite à Bamako puis à Niamey avant de revenir à Ouagadougou et de repartir vers Gao. Enfin, le 9 janvier 2016, il raccompagna HAMZA Ben Mohamed à Bobodioulasso puis à Bamako pour quitter le 28 janvier 2016. Par ailleurs, à l'occasion de la fête de la tabaski, HAMZA lui avait offert un beau boubou en guise de présent. Il ajouta que BAKAYE qu'il avait connu depuis Dabou et à qui il avait dispensé des cours d'apprentissage du français se livrait avec HAMZA à un trafic de cocaïne et de Rivotril mais aussi de confection de faux billets de banque. En outre, il avait signifié dans le même temps à un certain COULIBALY Pierre qu'il était intéressé par le trafic de comprimés prohibés et qu'il souhaitait s'y investir. Lors de l'un de leurs voyages en Côte d'Ivoire, ils avaient passé plusieurs nuits dans la boutique de AMEDI dans le quartier de Riviera Faya à Cocody. À propos du véhicule qui avait servi au transport des armes, il ressort que dans le courant du mois de septembre 2015, il avait fait une déclaration de perte des documents du véhicule car HAMZA lui avait confié qu'il ne retrouvait pas les pièces du véhicule. S'agissant des photographies extraites du téléphone portable et que nous avons fait projetées ici, il a reconnu clairement BAKAYE et HAMZA. D'ailleurs, les deux échangeaient très souvent en langue arabe qui lui était étrangère. Pour conclure, il insista sur le fait qu'il ne savait pas que le véhicule qu'il conduisait devait servir à perpétrer une attaque terroriste à Grand-Bassam.

KANDIALLO Mamadou interpellé au même moment que KOUNTA Sidi Mohamed au domicile de ce dernier déclara qu'il s'y trouvait en sa qualité de marabout pour lui remettre un médicament. KONE Souleimin Moussa appréhendé à son domicile, le samedi 19 mars 2016, indiqua quant à lui qu'il était au domicile de ce dernier lorsque KOUNTA Dallah arriva, le dimanche 13 mars 2016.

Yanourga KONE, homme de main de KOUNTA Sidi Mohamed déclara avoir vu ce dernier à Bouaké en 2015 lors d'une escale et assura n'avoir pris part à aucune étape de l'attentat. À propos de KOUNTA Dallah, interpellé au domicile de son frère KOUNTA Sidi Mohamed, il affirma avoir accueilli KOUNTA Dallah à son arrivée à Abidjan en l'absence de son frère KOUNTA Sidi Mohamed.

Quant à GUAYE Oumar, il déclara avoir été interpellé au domicile de CISSE Mohamed alors qu'il y était pour une visite de courtoisie. HAIDAR A Boubacar Mahadi affirma qu'il était à Abidjan sur invitation de CISSE Mohamed, c'est à ce moment qu'il fut interpellé au domicile de ce dernier. Bien qu'il ait souvent accompagné son tuteur au domicile de KOUNTA Dallah, il nia avoir été informé de l'attaque encore moins d'y avoir pris part. Par ailleurs, il précisa que toutes les fois qu'il avait accompagné CISSE Mohamed pour rencontrer KOUNTA Dallah, tous les deux s'exprimaient en langue peule.

Quant à YATARA Moutou, elle avait soutenu être la copine de Haidara CHEICK en fuite, qui est par ailleurs ami de CISSE Mohamed. Elle avait été interpellée au domicile de son concubin en son absence.

DIALLO Aly révéla être arrivé à Abidjan le 12 mars 2016, en provenance du Mali avec CISSE Sidi et CISSE Aly pour passer des vacances. Il avait été hébergé par Haidara CHEICK. Et c'était au domicile de ce dernier qu'il avait été interpellé. CISSE Sidi et CISSE Aly confirmèrent les déclarations de DIALLO Aly.

CISSE Sidi indiqua avoir été interpellé à leur boutique avec son frère CISSE Hantao Mohamed mais jura n'avoir eu aucun contact avec KOUNTA Dallah.

Quant à SANKARE Aman père de la copine de CISSE Ibrahim en fuite, il déclara n'avoir eu de contact ni avec ce dernier ni avec KOUNTA Dallah. AHMED Abdallah, interpellé sur son lieu de travail à Adiaké avoua avoir fait la connaissance de KOUNTA Dallah en 2012 au Burkina Faso où le susnommé l'avait aidé à obtenir un certificat de vaccination. Il n'avait plus gardé de contact avec lui depuis lors. Toutefois, il reconnut s'être lié d'amitié avec la sœur de KOUNTA Dallah ; TASSELINE avec laquelle il échangeait fréquemment depuis le Mali. Pourtant, il avait été informé de la présence de KOUNTA Dallah par les médias.

Ahmad OULD Ahmad appréhendé à Dabou dans la boutique de son oncle avait soutenu avoir été hébergé par BARRY Hassan en février 2016 dans une autre boutique située au quartier Faya pendant seulement deux nuits.

BARRY Bakaye a lui été appréhendé à Dabou dans sa propre boutique où Ahmad OULD Ahmad avait été interpellé. Il jura n'avoir aucun lien avec BARRY Hassan encore moins avec KOUNTA Dallah.

Hamza DICKO affirma avoir été interpellé à Bouaké où il tenait un kiosque à café.

BARRY Hassan, HAMZA Ben Mohamed affirmèrent avoir passé une nuit avec lui à Bouaké. Et tous les trois s'exprimaient en langue arabe, langue qu'il maîtrise parfaitement.

Déférés une fois au Parquet, une information judiciaire fut ouverte contre CISSE Hantao Ag Mohamed. MOHAMED Abdallah, Yanourga KONE, KOUNTA Dallah, KONE Souleimin Moussa, HAIDARA Boubacar Mahadi, KANDIALLO Mahadi, GUAYE Oumar, KOUNTA Sidi Mohamed, CISSE Sidi, CISSE Aly, DIALLO Ali, SANKARE Ama, Yatara DICKO Moutouo, COULIBALY Natéré Eugène, CISSE Mohamed, Abdine Sine AMAR, Abdi BALLA, GUEYE Ndiaye Serigne, BARRY Battesty dit SAM, AMAD Ould Amad, Hamza DICKO,

Le 31 mars et le 8 avril 2015 ainsi que le 15 avril 2016 et le 2 août 2016 pour des faits d'assassinat, tentative d'assassinat, d'acte de terrorisme, recel de malfaiteurs, détention illégale d'armes à feu et de munitions de guerre. Ils furent interrogés mais tous ne reconnurent pas leur participation dans les faits. KOUNTA Sidi Mohamed précisa qu'à son retour de Boundiali, KOUNTA Dallah et CISSE Mohamed s'étaient liés d'amitié. Le premier nommé lui confia que CISSE Mohamed et lui étaient originaires du même village au Mali. Au cours de la confrontation entre les inculpés, KOUNTA Sidi, CISSE Hantao Ag Mohamed, le dernier persista qu'il ne s'était jamais trouvé à Grand-Bassam avec KOUNTA Sidi Mohamed et KOUNTA Dallah qu'il ne connaissait d'ailleurs pas. Mis en confrontation avec KOUNTA Sidi Mohamed, CISSE Mohamed, Dame GUEYE Serigne et COULIBALY Natéré Eugène, les deux derniers nommés reconnurent que lors de la préparation de l'attaque de Grand-Bassam, KOUNTA Dallah s'était rendu dans ladite ville avec KOUNTA Sidi Mohamed, CISSE Mohamed et CISSE Hantao Ag Mohamed. Le dernier nommé avait dénié ces allégations. En raison de ses similitudes avec une autre personne, CISSE Hantao Ag Mohamed avait été identifié encore par dame Serigne GUEYE ce qui confirma sa présence à Grand-Bassam avec CISSE Mohamed, CISSE Hantao Ag Mohamed comme l'atteste le procès-verbal d'identification du 9 juillet 2016 établi par le magistrat instructeur.

Par ailleurs, la collaboration entre les enquêteurs de différents pays avait permis de remonter la piste des instigateurs principaux, des acteurs et de procéder à l'arrestation d'IBRAHIM Ould Mohamed chauffeur de KOUNTA Dallah,

MINY Baba Ould El Moctar, le planificateur, FAWAZ Ould Ahmed et Allou DOUMBIA dit « M'ma », au Mali où ils étaient détenus jusqu'à ce que MINY Baba Ould El Moctar soit extradé vers les États-Unis. Il résulte des déclarations de MINY Ould Ibrahim alias CISSE Ibrahim qu'il avait été recruté par KOUNTA Dallah, le chef des opérations avec lequel il entretenait des relations depuis 2011 et qu'il savait proche des djihadistes. Au cours du voyage qu'il effectua en Côte d'Ivoire, KOUNTA Dallah lui dévoila le projet de l'attaque et lui promit une forte récompense. Arrivé à Abidjan, IBRAHIM Ould Mohamed habitait la même maison que le commando en charge de mener l'attaque au frais des commanditaires bien sûr. Pour réussir sa mission, son tuteur KOUNTA Dallah se fit passer pour un marabout tandis qu'il arrangea son mariage avec une dénommée OUMOU, une amie de KOUNTA Lala, sœur cadette de KOUNTA Sidi Mohamed. Il connaissait par ailleurs, l'endroit au domicile où avaient été dissimulées les armes qui avaient servi à l'attaque. Ces armes avaient été transportées en ce lieu dans un véhicule de type 4x4 Land Cruiser depuis le Mali par Alou DOUMBIA alias « M'ma ».

IBRAHIM Ould Mohamed ajouta en outre avoir opéré des prises de vues et des repérages des lieux de l'attaque aux côtés de KOUNTA Dallah sur les plages de Grand-Bassam avant d'aider ce dernier à les transmettre à leur chef via le réseau social « Whatsapp ». Après le forfait, KOUNTA Dallah se retira au Mali d'où il aida sa compagne et le frère de sa compagne à l'y rejoindre.

Très proche de KOUNTA Dallah, MINY Baba Ould El Moctar avait, pour sa part, commandité puis participé à l'exécution de l'attaque de Grand-Bassam en ce qu'il avait reçu à Gao la véritable feuille de route, l'avait préparée puis avait fourni l'armement au Commando de l'attaque. MINY Baba Ould El Moctar est en outre l'un des logisticiens d'AQMI qui avait enlevé trois ressortissants espagnols sur l'axe Nouabitoune à Nouakchott en Mauritanie.

Quant à FAWAZ Ould Ahmed alias Ibrahim, présenté comme l'adjoint au chef d'« Al Mourabitoune », une organisation terroriste rigoriste mauritanienne, il était réputé comme celui qui avait préparé seul l'attaque de la Terrasse à Bamako les 7 et 8 mars 2015. Par ailleurs, il aurait encore commandité l'attentat contre le « Radisson Blue » hôtel à Bamako, le 20 novembre 2015.

Allou DOUMBIA, interrogé dans le cadre de la coopération internationale avec les autorités maliennes, expliqua que dans le courant du mois de février 2016, sur instruction du nommé Ahmed Baba Ould CHEICK, il avait conduit le véhicule de type 4x4 Toyota Land Cruiser jusqu'au domicile de MINY Ould Baba El Moctar où les armes qui avaient servi à l'attaque avaient été dissimulées dans le véhicule. Il ajouta que deux semaines plus tard, après avoir reçu l'engin à Bamako par l'entremise du nommé Ben Mohamed HAMZA, il l'avait conduit pour, ensuite le remettre à KOUNTA Dallah à Abidjan en compagnie de CISSE Mohamed au carrefour Akwaba. Lors de son séjour abidjanais, KOUNTA Dallah et lui s'étaient même rendus sur les plages de Grand-Bassam à deux reprises à l'effet de procéder à des prises de vues pour préparer l'attentat. Interpellé le 21 avril 2017 à Bamako, FAWAZ Ould Ahmed ne nia pas son implication dans les attaques perpétrées à Bamako et en Mauritanie. Mieux, il revendiqua même sa participation à l'attaque de Grand-Bassam. Le 9 décembre 2022, il a été extradé par les autorités maliennes vers les USA (au moment même où se tenait le procès) d'où il a été inculpé le 10 décembre 2022 par un juge du tribunal fédéral de Brooklyn pour avoir tué une ressortissante américaine lors des attaques terroristes notamment celle du Radisson Blue (Mali) qu'il avait revendiquées, le 20 novembre 2015.

En ce qui concerne la procédure d'extradition vers les États-Unis de MINY Baba Ould El Moctar (la procédure était en cours), le 31 mars 2016 et le 28 décembre 2016, des mandats d'arrêts internationaux avaient été émis par les magistrats instructeurs contre OULD Mohamed Ibrahim, KOUNTA Dallah, DICKO Midi et

MINY Baba Ould El Moctar et HAMZA Ben Mohamed. Plusieurs victimes avaient été même entendues et s'étaient constituées partie civile.

Par la lettre de renvoi numéro 306-22, la Chambre d'accusation de la Cour d'appel d'Abidjan estima qu'il n'avait pas lieu la poursuite contre dame Serigne GUEYE, et Messieurs COULIBALY Natéré Eugène, DICKO Moutou, MOHAMED Abdallah, KOUNTA Lala, Abdine sine AMAR, SANKARE Ama, MOHAMED Abdallah, Hamza Moyata DICKO, Amadou GAMA et CISSE Sidi.

La Chambre renvoya cependant les autres inculpés devant le Tribunal criminel à la date du 31 décembre 2021 pour être jugés.

Interrogé à la barre, Cissé Mohamed était revenu sur ses déclarations à la barre à savoir qu'il ne connaissait pas KOUNTA Dallah et n'avait pas de lien de filiation. Une déclaration pourtant contradictoire à celle de son audition. Il affirma par la suite avoir contacté KOUNTA Dallah le jour de l'attentat car il se préoccupait plus de sa situation, lui étant à l'étranger. Il avait pris des nouvelles d'autres personnes et avait même mis en garde ses enfants de ne pas mettre le nez dehors. Pourtant, il était sorti pour accompagner KOUNTA Dallah à l'aéroport parce qu'il avait besoin d'argent. Avant de quitter le pays, sur la base de la confiance, KOUNTA Dallah avait laissé à CISSE Mohamed, la voiture Land Cruiser V8 ainsi que six matelas, des oreillers, des bouteilles de gaz butane B6 en guise de cadeau.

KOUNTA Sidi Mohamed interrogé fit savoir que c'était un certain Ahmad, époux de sa demi-sœur qui l'avait contacté à l'effet d'héberger KOUNTA Dallah venant de Bamako. Il fit aussi remarquer à son beau que son domicile était restreint. Cependant, après sur insistance, il accepta de l'héberger mais en ignorant le projet d'attaque terroriste de KOUNTA dont il avait prétendu ne pas connaître le prénom Dallah. Il ressortit de cette audience que KOUNTA Dallah, CISSE Ibrahim, et CISSE Hantao Ag Mohamed s'étaient rendus à Grand-Bassam pour nager alors que lui en était revenu avec de l'eau pour se purifier. L'image à lui présentée par le Tribunal ne le laissa pas indifférent. Il refusa que cette image lui soit associée. À la demande du Procureur de traduire le texte en langue arabe sur la photo, il répondit que : « Les Touaregs sont des hommes intègres ». Relativement au dimanche 13 mars, il soutint que KOUNTA Dallah était arrivé à son domicile vers 13 heures 30 minutes. Ils avaient déjeuné ensemble et bu du thé. Ce n'était que vers 16 heures qu'ils avaient été informés de l'attaque de Grand-Bassam. Par ailleurs, après avoir été entendu, il affirma que KONE Souleimin Moussa, KOUNTA Dallah et lui s'étaient rendu sur le lieu de l'attaque bien avant. Une déclaration qu'il récusa pourtant au Tribunal. Il contesta également ses déclarations durant les enquêtes préliminaires dans lesquelles il avait déclaré que KOUNTA Dallah l'avait contacté depuis le Mali. D'ailleurs, ils ne s'étaient pas parlé depuis les attentats et bien au contraire, c'était plutôt lui qui avait joint son beau-frère AHMADI, le soir même du 13 mars 2016 pour se plaindre de l'attitude de KOUNTA Dallah. À propos du texte en langue arabe découvert à son domicile, le ministère public sollicita finalement l'expertise de SAWADOGO Lassina, expert près du Tribunal d'Abidjan, traducteur assermenté en langue arabe et française à l'effet de le traduire.

CISSE Hantao Ag Mohamed interrogé reconnut s'être rendu à Grand-Bassam avec KOUNTA Sidi Mohamed et CISSE Mohamed. Toutefois, il précisa avoir nagé ce jour mais ne saurait confirmer que KOUNTA Sidi Mohamed avait emporté de l'eau de mer avec lui. En outre, il avoua avoir rencontré KOUNTA Dallah à trois reprises, la première fois lors de leur visite à Grand-Bassam. C'était à la gare de Grand-Bassam précisément, puis une deuxième fois à la gare de Treichville où il avait refusé de l'accompagner dans un autre lieu enfin la troisième fois à Koumassi.

BARRY Hassan alias Ange BARRY Battesty dit SAM, interrogé ici, a affirmé qu'il était ivoirien de père et de mère eux-mêmes ivoiriens. Il rajouta que ce sont ses parents qui lui avaient attribué cette identité afin de l'aider dans ses études et qu'il n'avait à aucun moment fait de fausses déclarations. Pour lui, son père ayant servi la Côte d'Ivoire, c'était de bon droit qu'il avait acquis la nationalité ivoirienne. S'agissant de ses relations avec HAMZA ben Mohamed, il indiqua qu'il n'était pas son chauffeur mais l'avait aidé de temps à autre dans son magasin ou en étant son chauffeur. Par ailleurs, HAMZA ben Mohamed et BAKAYE parlaient couramment en langue arabe et confirmaient qu'entre septembre et novembre 2015, il travailla avec HAMZA Ben Mohamed et durant cette période, ils voyagèrent entre Ouagadougou, Niamey et la Côte d'Ivoire. Ils avaient même fait des escales à Bouaké pour prendre du thé et passer du temps avec un individu. À partir de photographies extraites de son téléphone portable, il indiqua ne pas savoir l'âge de HAMZA ben Mohamed et BAKAYE avant de rejeter les liens de subordination qui l'auraient lié à HAMZA. Il indiqua en outre que c'était à la demande de BAKAYE qu'il s'était rendu dans une boutique à la Riviera Faya mais n'y avait pas passé la nuit. Il y était resté depuis son retour en novembre 2015 en Côte d'Ivoire et le 9 janvier 2016, il avait conduit à nouveau le véhicule Land Cruiser de HAMZA Ben Mohamed jusqu'au Mali à la demande de BAKAYE.

CISSE Ali, KANDIALLO Mamadou, Yanourga KONE, GUAYE Oumar, HAIDARA Boubacar Mahadi, Souleimin KONE Moussa, CISSE Sidi et DIALLO Sidi ne comparurent pas à la barre de ce Tribunal. Plusieurs personnes avaient été entendues en qualité de témoins et les autres reçues par la qualité de partie civile sur votre demande et réitérèrent leurs déclarations. Les victimes s'étaient constituées en partie civile jusqu'à ce jour. Par ailleurs, les Avocats procédèrent à la lecture des rapports des procédures. À ce stade, il convient donc de rappeler que les dix-huit (18) personnes poursuivies à la barre de ce Tribunal n'étaient pas toutes les auteurs immatériels des infractions pour lesquelles elles étaient poursuivies. En effet, les personnes qui avaient matériellement commis des infractions, qui avaient appuyé sur la gâchette pour ôter la vie à des innocents, avaient procédé à des exécutions sommaires à savoir les nommés : HAMZA El Fulani, HAMZA Ad Rahmane Fulani, ABOU Anda Ansarul encore appelé Boubacar, Malick et Hassan avaient reçu l'ordre ultime de Dieu et qui croyaient bien faire en ôtant la vie à des innocents. Heureusement que les balles salvatrices de nos forces de défense et de sécurité les avaient vite réduits au silence. En ce qui concerne KOUNTA Dallah, HAMZA ben Mohamed, MINY Baba Ould El Moctar, IBRAHIM Ould Mohamed alias Cissé Ibrahim, Allou DOUMBIA alias 'Mam' et DICKO Midi, n'ont pas pris des êtres humains en chasse, n'ont pas appuyé sur la gâchette mais ils ont fait pire. Ils ont conçu le projet, l'ont organisé, l'ont planifié, transporté des armes de guerre pour la mise à mort d'innocentes personnes.

Quant aux autres à savoir KOUNTA Sidi Mohamed, CISSE Mohamed, CISSE Hantao Ag Mohamed, BARRY Hassan alias Ange BARRY Battesty François alias Sam, malgré leurs visages d'anges à la barre de votre Tribunal, ils ont assisté les premiers dans leur projet funeste en connaissance de cause en leur offrant gîte et couvert et en participant à la mise en œuvre du projet commun ; celui d'exterminer par arme de guerre les êtres humains qui se trouvaient à la station balnéaire. Sur les faits d'actes de terrorisme, suivant l'article 3 de la loi numéro 2015-493 du 7 juillet 1995 portant répression du terrorisme ;

il y a acte de nature terroriste, le fait pour quiconque dans l'intention soit de provoquer une situation de terreur ou d'intimider la population soit de promouvoir une cause politique, une cause religieuse ou idéologique soit de contraindre le gouvernement, un organisme ou une institution à engager une initiative ou à s'en abstenir à adopter ou à renoncer à une proposition particulière ou à agir selon un principe ou commet un acte qui porte atteinte à la vie, cause des violences énormes aux personnes, occasionne de graves dommages à la propriété, à l'environnement aux ressources naturelles ou aux patrimoines naturels, met en danger la vie d'une ou de plusieurs personnes, dégrade la santé du public ou une partie du public, expose le public à un produit dangereux , à un produit chimique, radioactif, micro biologique ou un agent biologique, porte atteinte à la sécurité publique, à la sécurité nationale, est susceptible de créer ou crée une situation de crise au sein des populations ou une situation générale.

Il ressort des enquêtes préliminaires, tant à l'information préalable qu'à la barre que des individus armés d'armes de guerre de type kalachnikovs avaient effectivement pris pied sur la station balnéaire, ont fait usage de leurs armes en tirant sur tous ceux qui se trouvaient sur leur chemin, tuant et blessant plusieurs autres. Ces individus ont passé au peigne fin la plage tout cela pendant près de deux heures, avant l'intervention des forces de l'ordre vers 16 heures qui se solda par la neutralisation des trois terroristes mais aussi par la perte de trois éléments des Forces Républicaines de Côte d'Ivoire (à l'époque). Il ressort également de l'interrogatoire de dame GUEYE Serigne, et COULIBALY Natéré Eugène qu'avant de passer à l'offensive sur la plage, depuis le 14 février 2026, les assaillants n'avaient cessé d'écumer le site de la plage en louant des bungalows à chaque passage. 'Zion Rock' d'où le plan avait été minutieusement préparé a été le point de déclenchement de leur fusillade, qui s'est soldée par 19 morts. En outre, les interrogations et auditions menées tant en Côte d'Ivoire qu'à l'étranger, ont permis de révéler que malgré ces opérations de repérage, la première phase du projet s'était déroulée en novembre 2015 où HAMZA Ben Mohamed, l'un des cerveaux était arrivé en Côte d'Ivoire avec BAKAYE et BARRY Hassan alias BARRY Battesty. KOUNTA Dallah quant à lui était arrivé en Côte d'Ivoire en février 2016 puis avait été hébergé par ses contacts sur place. Avec ceux-ci, ils s'étaient rendus deux fois sur la plage pour des repérages des sites à attaquer. Il avait accueilli enfin les trois terroristes et le véhicule contenant les armes et les avaient conduits sur le lieu de l'attaque avant de s'éclipser lorsque l'attaque eut été amorcée. Aussi, cet acte hautement criminel avait été revendiqué par le groupe terroriste « AL-Mourabitoune » fiché comme groupe terroriste qui justifia cet acte par l'implication de la Côte d'Ivoire dans la lutte contre le terrorisme.

Ainsi, Monsieur le Président, Messieurs les assesseurs, leur acte est manifestement caractéristique d'acte terroriste en ce qu'il résulte clairement de leur revendication, leur intention de faire renoncer à l'État sa lutte contre le terrorisme. En commettant des atteintes à la vie, en commettant des violences graves aux personnes, en mettant en danger la vie de plusieurs personnes dans l'intention avouée d'obtenir du gouvernement à renoncer à sa position particulière, en l'occurrence, à sa participation à la lutte contre le terrorisme.

Sur la responsabilité pénale de KOUNTA Dallah, il résulte de l'interrogatoire de Ibrahim OULD Mohamed alias Cissé Ibrahim, chauffeur de KOUNTA Dallah, que KOUNTA Dallah avait été recruté pour la mission en Côte d'Ivoire par HAMZA Ben Mohamed à la suite de MINY Ould Baba Cheick recruté par Oumar Ould SIDI Mohamed qui est l'acheteur de bétail pour le compte d'AQMI sur les marchés du nord du Mali. En outre, les photographies et les vidéos prises par KOUNTA Dallah sur les plages de Grand-Bassam avaient été envoyées via « Whatsapp » à MINY Baba Ould El Moctar qui les transférait lui-même puisque KOUNTA Dallah ne savait pas utiliser le réseau social numérique « Whatsapp ». Par ailleurs, les trois combattants dont les photographies d'identité avaient été publiées par AQMI à savoir HAMZA Al Fulani, HAMZA Abderrahmane Al-Foulani, ABOU Al Ansari encore appelé Boubacar, Malick et Hassan tous originaires de Gao, fief de « Al-Mourabitoune ». C'était dans la ville de Gao qu'ils avaient été recrutés par MINY Ould Baba Cheick puis envoyés en Côte d'Ivoire où ils étaient en contact permanent avec KUNTA Dallah jusqu'à l'exécution de la sale besogne. Ce dernier leur avait accordé gîte et couvert comme l'avaient attesté les six matelas découverts chez CISSE Ibrahim (ici présent) ainsi que le procès-verbal de prescription dressé le 27 mars 2016. Il en ressort que KUNTA Dallah fut présent tout le temps de la préparation de l'attaque de Grand-Bassam. Il fut ensuite reconnu par dame GUEYE Serigne et COULIBALY Natéré Eugène, les tenanciers de l'espace « Zion Rock » comme s'étant rendu sur leur site lors de la préparation des attaques. Il convient dès lors de le déclarer coupable des faits d'actes de terrorisme susvisés.

Sur la responsabilité de HAMZA Ben Mohamed, il fut acquis à son domicile, dans le cadre des opérations, qu'il avait été recruté par MINY Ould Baba Cheick et Ahmed BABA Ould Cheick, pour sa mission. À cet effet, il séjourna dans plusieurs villes de la Côte d'Ivoire notamment à Dabou, à Abidjan et à Bouaké entre le 11 novembre 2015 et le 9 janvier 2016. Il se déplaçait à bord du véhicule de marque Toyota Land Cruiser V8 en compagnie d'Ange BARRY Battesty et de BAKAYE Ould Amou. Il fut également acquis qu'il était celui qui avait fourni le véhicule et avait même transporté l'armement des assaillants dissimulé dans ledit véhicule pour ensuite remettre le véhicule via Amidou (le chauffeur) à KOUNTA Dallah au carrefour Akwaba à Port-Bouet. La remise se fit en présence de CISSE Ibrahim et de CISSE Mohamed. Par ailleurs, il avait été constaté que c'était encore lui qui avait recruté KOUNTA Dallah le planificateur et les trois combattants qui avaient exécuté le plan macabre. Par conséquent, il sied de le déclarer coupable des faits qui étaient mis à sa charge.

Sur la responsabilité d'Ibrahim OULD Mohamed, il ressort des investigations que le susnommé a été recruté par KOUNTA Dallah, l'un des cerveaux de l'opération avec qui il avait des relations depuis 2011 et qui s'avérait sans surprise proche des terroristes. Au cours d'un voyage qu'ils effectuèrent en Côte d'Ivoire, KOUNTA Dallah lui dévoila le projet de l'attentat et le sollicita contre une forte récompense. En Côte d'Ivoire, ils partagèrent le même local que les membres du Commando pendant un long moment aux frais des commanditaires. Il participa au projet en transmettant même des photographies du lieu de l'attaque à MINY Baba Ould El Moctar. Il y décrivit même le mode opératoire de l'attaque ainsi que le Commando qui devait le faire. Il convint également de le déclarer coupable des faits mis à sa charge.

Sur la responsabilité de MINY Baba Ould El Moctar, il résulta des déclarations de Alou DOUMBIA que le nommé AMED Ould Baba El Moctar l'avait enjoint de conduire le véhicule qui servira plus tard dans l'attentat chez le nommé MINY Baba Ould El Moctar en vue d'y installer les armes qu'ont utilisées les terroristes. Par ailleurs, OULD Mohamed Ibrahim déclara que le nommé Oumar SIDI Mohamed acheteur de bétail pour « Al Qaeda » sur les marchés situés dans le nord du Mali était celui qui avait recruté MINY Ould Baba El Moctar pour la mission en Côte d'Ivoire, il convint dès lors de le déclarer coupable des faits qui sont mis à sa charge.

Sur la responsabilité pénale d'Allou DOUMBIA, il ressortit que l'accusé Allou DOUMBIA dit 'Man' eut constamment reconnu avoir transporté le véhicule de marque Toyota Land Cruiser ainsi que les armes qui servirent à l'attaque, depuis le Mali jusqu'à Abidjan pour les remettre ensuite à KOUNTA Dallah qui avait à ses côtés CISSE Ibrahim et CISSE Mohamed. Ainsi, avait-il connaissance donc du projet d'attaque mis en œuvre. Il y a lieu également de le déclarer par conséquent coupable des faits mis à sa charge.

Sur la responsabilité pénale de DICKO Midi, il était constant que l'accusé DICKO Midi était impliqué dans l'attentat de Grand-Bassam, eu égard à ses relations constantes avec KOUNTA Dallah et ses autres co-accusés. Il sied également de le déclarer coupable des faits qui étaient mis à sa charge.

Sur la responsabilité pénale de KOUNTA Sidi Mohamed, l'accusé KOUNTA Sidi Mohamed contesta longuement les faits de son accusation. Cependant, ses dénégations quoique véhémentes ne sauraient prospérer. En effet, alors qu'il se trouvait à Boundiali, pour prendre une seconde épouse, il accepta de recevoir et d'héberger KOUNTA Dallah. Un parfait étranger sur la base d'un simple coup de fil d'un certain AHMADI qui serait le gendre de sa sœur. Constatant que son habitation était devenue exiguë, à la suite de l'arrivée de sa seconde épouse, il fit loger KOUNTA Dallah et CISSE Ibrahim sur la terrasse de sa maison avant de les aider à trouver un domicile plus loin. Pour autant, avant de recevoir ses hôtes, il n'était pas sans savoir la configuration de son habitation encore moins d'accepter d'héberger un parfait inconnu, encore moins de le faire dormir sur sa terrasse surtout qu'il avait une seconde épouse. Par ailleurs, il ne fait l'ombre d'aucun doute que son empressement à recevoir ses hôtes démontre son accointance avec KOUNTA Dallah. Aussi, alors qu'il vit à Port-Bouet, une commune où on y trouve aussi de nombreuses plages mais il ira à Grand-Bassam en compagnie de KOUNTA Dallah, CISSE Ibrahim, CISSE Hantao Ag Mohamed et CISSE Mohamed pour se baigner dans la mer. Il en reviendra avec de l'eau sans que ses compagnons ne confirment cela. Le dimanche 13 mars 2016, jour de l'attentat, il avait soutenu qu'il était avec KOUNTA Dallah à son domicile et en apprenant l'attaque de Grand-Bassam, KOUNTA Dallah s'était écrié : « Allah Akbar ». Toutefois, à la barre de votre Tribunal, il déclara être resté avec KOUNTA Dallah à son domicile entre midi et 14 heures et KONE Souleymin Moussa lorsque KOUNTA Dallah vint les rejoindre.

Il est clair qu'il était incontestablement avec KOUNTA Dallah mais pas à son domicile à Adjouffou ce jour-là, d'autant que KOUNTA Dallah l'avait conduit à Grand-Bassam et s'était éclipsé juste avant le début des premiers tirs vers 12 heures 30 minutes. Sans nouvelles de KOUNTA Dallah alors il rejoignit son gendre AHMADI pour lui faire part de ses griefs face à l'attitude de KOUNTA Dallah, le lendemain de l'attaque. Il avait déclaré devant le magistrat avoir été joint deux fois par KOUNTA Dallah, aussi que ces déclarations n'étaient pas de lui alors qu'il avait signé de sa plus belle plume. Relativement aux photographies extraites de son téléphone et un texte en arabe, il s'était aussitôt écrié :

- « C'est une image du diable » et avait retranscrit le texte comme ceci :

- « Les Touaregs sont des hommes intègres ».

De ce qui ressort, pour qualifier une telle image de celle du diable, il faudrait épouser l'idéologie djihadiste. En effet, soit elle relevait d'une organisation terroriste « « Al Qaeda pour considérer cette image de la représentation du diable car faisant partie des peuples que l'organisation considère comme ennemi lointain. Sur le plan idéologique, cette approche entre dans le cadre de l'apologie de l'ennemi lointain tout comme l'occident et toute entité politique alliée à l'occident. Dans un autre cadre, cette personne relèverait de l'organisation de l'État islamique soit en qualité de partisan ou de sympathisant. Du point de vue idéologique, l'État islamique considère les Touaregs comme des ennemis proches au même titre que les Chiites en Syrie. De tout ce qui précède, KOUNTA Sidi Mohamed avait aidé KOUNTA Dallah en connaissance de cause dans son projet meurtrier. Il sied donc au regard de tout ce qui précède de le déclarer coupable des faits qui sont à sa charge.

Sur la responsabilité pénale de CISSE Mohamed, l'accusé CISSE Mohamed contesta les faits d'acte de terrorisme qui lui étaient reprochés. Pourtant, il convient de réfuter ces dénégations. En effet, bien que KOUNTA Dallah ait son propre chauffeur Ibrahim OULD Mohamed alias CISSE Ibrahim, c'est lui CISSE Mohamed qui lui avait servi de chauffeur pour ses courses. D'ailleurs, il s'était rendu avec lui à Grand-Bassam à deux reprises lors de la phase de repérage. En outre, après l'attentat de Grand-Bassam, c'était encore lui qui avait conduit KOUNTA Dallah à l'aéroport le 15 mars 2016 alors que celui-ci se rendait au Mali. C'était encore lui CISSE Mohamed qui accompagna, le 17 mars 2016, Ibrahim OULD Mohamed et son épouse Oumou à une gare interurbaine à Port-Bouet. Il avait pris le soin de leur dire que KOUNTA Dallah s'était rendu au Mali pour y rencontrer un riche ressortissant arabe. Bien qu'ayant soutenu à la barre du Tribunal ne pas avoir de relations particulières avec KOUNTA Dallah mais ce n'est pas un hasard si ce dernier lui confia le véhicule Toyota land Cruiser V8 et six matelas, un ventilateur et une bouteille de gaz butane de type B6. Par ailleurs, HAIDARA Mahadi qui avait séjourné chez CISSE Mohamed déclara que toutes les fois où il s'était rendu chez KOUNTA Dallah, ils s'étaient exprimés à maintes reprises en langue peule. Lesdites déclarations avaient été corroborées par KOUNTA Sidi Mohamed qui déclara lors de son interrogatoire qu'il avait remarqué le rapprochement entre KOUNTA Dallah et CISSE Mohamed. KOUNTA Dallah lui avait laissé entendre qu'ils étaient originaires du même village au Mali avec CISSE Mohamed. De plus, selon Allou DOUMBIA, le véhicule de marque Toyota Land Cruiser V8 ayant servi au transport des armes et des assaillants avait été conduit et remis à KOUNTA Dallah au carrefour Akwaba. Cela en présence du même CISSE Ibrahim, ici présent également. Par conséquent, il est irréfutable qu'en dépit de ces dénégations, CISSE Ibrahim avait connaissance des attaques de Grand-Bassam ainsi que KOUNTA Dallah avec lequel il était en contact et qu'il avait même aidé en connaissance de cause. Il convint dès lors de le déclarer coupable des faits qui étaient mis à sa charge.

Sur la responsabilité pénale de CISSE Hantao Ag Mohamed, il était constant que CISSE Hantao

Ag Mohamed réfutait les faits qui lui étaient reprochés cependant ces dénégations n'étaient coopérantes. En effet, il avait constamment nié connaître KOUNTA Dallah, qu'il ne l'avait jamais vu pourtant lorsqu'il se rendait chez son voisin KOUNTA Sidi Mohamed, il rencontrait très souvent KOUNTA Dallah. Aussi, résulte-t-il de l'interrogatoire de KOUNTA Sidi Mohamed et des dépositions de dame Serigne GUEYE et COULIBALY Natéré Eugène que CISSE Hantao Ag Mohamed s'était rendu à Grand-Bassam avec KOUNTA Dallah, KOUNTA, Sidi Mohamed et CISSE Mohamed. Curieusement, après avoir nié constamment s'être rendu à Grand-Bassam il reconnut finalement à la barre du Tribunal s'y être rendus pour nager avec ses coaccusés. Aussi d'y avoir accompagné KOUNTA Dallah mais à trois reprises, Koumassi, Port-Bouet et Grand-Bassam. Ainsi, ne fait-il l'ombre d'aucun doute que cette inconstance dans ses déclarations vise à masquer ses accointances avec KOUNTA Dallah et ses projets funestes. Et ce, dans le but de cacher la vérité alors qu'il avait une parfaite connaissance du projet, aidé et assisté KOUNTA Dallah dans son dessein meurtrier. Il convint donc également de le déclarer coupable des faits mis à sa charge.

Sur la responsabilité pénale de BARRY Hassan alias BARRY Battesty Ange François dit SAM, l'accusé BARRY Hassan dit BARRY Battesty Ange François dit SAM contesta à la barre du

Tribunal les faits qui lui étaient reprochés. Pour autant, le susnommé eut dit des contrevérités sur son identité. Tantôt ivoirien de père et de mère tantôt Burkinabé de père et de mère avec des origines peules. À la barre du Tribunal, il rejeta ses origines peules pour s'autoproclamer ivoirien de père et de père, eux-mêmes subitement devenus ivoiriens. Aussi, s'agissant de ses relations sociales, il fut un très proche de HAMZA ben Mohamed et de BAKAYE, coordonnateurs principaux des attentats de Grand-Bassam avec lesquels, il effectua plusieurs voyages dans ces trois pays, (Mali, Burkina, Côte d'Ivoire) de septembre 2015 à novembre 2015. Il montra son intérêt pour le trafic de la Rivotril et de la fabrication des faux billets de banque lors des voyages. Il avait même conduit le véhicule qui servira plus tard aux attentats. Il prétendait ne pas être le chauffeur de HAMZA Ben Mohamed et ne pas avoir de relations avec lui. Pour autant, il célébra la fête de la Tabaski au domicile des parents de HAMZA Ben Mohamed qui lui offrirent même des cadeaux. Les photographies saisies à son domicile montrant l'accusé BARRY Hassan et HAMZA Ben Mohamed démontrèrent la nature de leur relation qui était plus que professionnelle contrairement aux déclarations que BARRY Hassan eu laissé entendre. En effet, ces dernières photographies montraient leur lien fraternel. À la question de savoir s'il existait un lien de subordination entre HAMZA Ben Mohamed et lui, il avait préféré garder le silence. Contrairement à ces déclarations, il ressort que Mouata DICKO avait indiqué que BAKAYE, HAMZA Ben Mohamed et BARRY Hassan s'étaient rendus à son domicile et avaient conversé tous en langue arabe. Il découle également des documents qui précèdent que c'était en connaissance de cause que BARRY Hassan avait aidé KOUNTA Dallah dans son projet funeste et machiavélique. Il sied par conséquent, au regard de tout ce qui précède de le condamner pour les faits mis à sa charge.

Sur la responsabilité pénale de CISSE Sidi, DIALLO Ali, KANDIALLO Mamadou, Yanourga KONE, HAIDARA Boubacar Mahamadi, GUAYE Oumar, Soleimin Moussa KONE, CISSE Aly, il résulte des faits de la présente procédure que les accusés susnommés ont tous réfuté les faits qui leur sont reprochés ; s'être retrouvés au domicile des accusés pour une visite de courtoisie ou s'être retrouvé, en compagnie de leur coaccusé lors d'une sortie. Aussi même s'il n'est pas contesté que les accusés susmentionnés avaient eu des liens étroits à un moment donné avec l'accusé KUNTA Dallah et les autres coaccusés, il n'en demeure pas moins que cette proximité occasionnelle ne saurait ainsi justifier leur implication dans les faits. Par conséquent, le ministère public pour ces personnes citées, CISSE Sidi, DIALLO Aly,

KANDIALLO Mamadou, Yanourga KONE, HAIDARA Boubacar Mahadi, GUAYE Oumar, Soleimin Moussa KONE, et CISSE Ali, laisse l'appréciation de leur condamnation à la sagacité et à la sagesse du Tribunal.

Sur les faits de détention d'armes de guerre et de munitions, sur la responsabilité de KOUNTA Dallah, CISSE Mohamed, CISSE Hantao Ag Mohamed, KOUNTA Sidi Mohamed, MINY Ould Baba El Moctar, BARRY Hassan, Ibrahim OULD Mohamed, HAMZA ben Mohamed, Allou DOUMBIA, DICKO Midi, les accusés étaient poursuivis pour les faits également de détention illégale d'armes à feu et de munition de guerre. Monsieur le président, il ressort également que de l'article 5 de la loi numéro 98-749 du 29 décembre 1998 portant à la réglementation des armes, munitions et substances explosives que quiconque sans autorisation administrative détient, acquiert armes, munitions, armes de guerre est passible de sanctions. La première catégorie des armes à feu étant conçues pour être destinées à la guerre terrestre, navale et aérienne ainsi que leurs canons et grenades dites offensives. Il ressort des témoignages des victimes des enquêtes et des auditions que les terroristes étaient armés de AK47 et de grenades offensives. Aussi, ressort-il des procès-verbaux que les armes suscitées avaient été saisies chez les terroristes et sur les scènes de l'attaque. En outre, il n'est pas contesté que KOUNTA Dallah, CISSE Mohamed, CISSE Hantao Ag Mohamed, KOUNTA Sidi Mohamed, MINY Ould MINY El Moctar, BARRY Hassan, Ibrahim OULD Mohamed, HAMZA ben Mohamed, Alou DOUMBIA et DICKO Midi avaient participé en qualité d'auteurs à la phase préparatoire et à la mise en œuvre de l'attaque. Ils avaient donc été informés de l'existence des armes et de l'usage auquel elles étaient destinées. Il ressort également des témoignages de Alou DOUMBIA que KOUNTA Dallah avait réceptionné en compagnie de CISSE Mohamed le véhicule et les armes qui avaient servi à l'attaque, autrement ils n'avaient d'ailleurs pas pu justifier d'un quelconque document leur permettant de détenir même temporairement des armes de type kalachnikov ou des munitions qui étaient destinées à l'opération. Par conséquent, il sied de les déclarer coupable.

Sur la responsabilité pénale de KANDIALLO Mamadou, HAIDARA Boubacar Mahadi, Yanourga KONE, KONE Souleimin Moussa, GUAYE Oumar, CISSE Sidi, DIALLO Aly, CISSE Ali, les accusés ont longuement contesté les faits de détention illégale d'armes à feu, faits mis à leur charge. Aussi, en ce qui les concerne, le ministère public s'en remet à l'appréciation souveraine du Tribunal.

Sur la peine, s'agissant de CISSE Sidi, DIALLO Ali, GUAYE Oumar, HAIDARA Boubacar Mahadi, Koné Souleimin Moussa, Yanourga

KONE, DIALLO Mamadou, l'instruction n'eut pas prouvé leur implication dans les faits pour lesquels ils étaient poursuivis, le ministère public s'en remis également à l'appréciation souveraine du Tribunal.

En ce qui concerne les accusés KOUNTA Dallah, OULD Mohamed Ibrahim, KOUNTA Sidi Mohamed, HAMZA Ben Mohamed, MINY Ould Baba El Moctar, Allou DOUMBIA, DICKO Midi, CISSE Hantao Ag Mohamed, CISSE Mohamed , BARRY Hassan dit BARRY Ange François Battesty, il était établi que les terroristes avaient fait usage d'armes à feu de manière volontaire et de munitions de guerre extrêmement nuisibles, il n'était également pas contesté que des tirs avaient été effectués à très courte distance sur des personnes et des parties létales du corps mais surtout sur toute personne errant sur les plages ou se baignant. Cette intention de tuer a été corroborée par les rapports d'autopsie produits au dossier, qui mettent en évidence les boîtes crâniennes qui avaient été réduites en lambeaux par la force des balles. Par ailleurs, il avait été révélé que les terroristes avaient longtemps planifié leur attaque, celle d'ôter la vie à plusieurs personnes avant de passer à l'acte. Sur instruction de leur commanditaire, Allou DOUMBIA a conduit le véhicule de marque Toyota Land Cruiser V8, chez OULD Baba El Moctar en vue d'y cacher les armes. Le véhicule avait été conduit, par la suite, par le premier nommé pour être remis au carrefour Akwaba à KOUNTA Dallah, du Mali vers la Côte d'Ivoire. Aussi, pour la réussite de l'attaque, KOUNTA Dallah et les autres complices avaient loué des bungalows au complexe « Zion Rock ». Il ressort également du témoignage des survivants que les terroristes avaient ouvert le feu sur toute personne indistinctement présente sur la station balnéaire. Il précède de tous ces développements de la préméditation de tuer, de massacrer des êtres vivants et est également constitutif–des faits d'assassinat et de tentative d'assassinat prévus et punis par les articles 23,24,25, 28 et 29,30-342 deuxièmement 343 et 348 du Code pénal. Ainsi, convient-il de condamner les accusés KOUNTA Sidi Mohamed, CISSE Mohamed, BARRY Hassan alias BARRY Ange François Battesty, CISSE Hantao, KOUNTA Dallah, OULD Mohamed Ibrahim, HAMZA ben Mohamed, MINY Ould Baba El Moctar, Allou DOUMBIA et DICKO Midi à la peine d'emprisonnement à vie, et décerner un mandat d'arrêt contre KOUNTA Dallah, OULD Mohamed Ibrahim, HAMZA ben Mohamed, MINY Baba Ould El Moctar, Allou DOUMBIA et DICKO Midi. Les concernés n'étant pas présents sur le sol ivoirien, Monsieur le président et Messieurs les assesseurs, vous voudrez bien conférer à ces mandats un caractère international qui sied.

Monsieur, le Président du Tribunal, je tiens au terme de ces auditions qui ont été longues, compte tenu de l'importance du sujet, à saluer, encore une fois, la mémoire de toutes les victimes de cette tragédie du 13 mars 2016 qu'a connu notre pays, mais aussi à présenter mes profondes excuses à toutes les victimes qui ont durant la tenue de ce procès revécu l'enfer de cette journée inoubliable. Fasse Dieu que nous n'ayons plus à déplorer ce genre de situation atroce et que nous prenions conscience du caractère sacré de la vie. Et j'ai dit, Monsieur le Président. »

Le Président du Tribunal : « Merci d'avoir dit Monsieur le Procureur de la République. »

Il a été dénombré quatre victimes françaises dans les attentats de Grand-Bassam. Quatre Français qui étaient installés en Côte d'Ivoire depuis de nombreuses années. Jean-Pierre Arnaud, retraité de 75 ans, s'était établi au bord de la lagune Ebrié depuis plus de trente ans. Jean-Edouard Charpentier, 78 ans, était un ami de Jean-Pierre Arnaud et est décédé à ses côtés. Franck Hamel, 53 ans, consultant pour la société Poly-conseils, une filiale du groupe Bolloré avait également trouvé la mort. C'était à Maître KAMARA du bureau de Paris qu'était revenu la charge de porter la voix des victimes de nationalité française au cours du procès.

Selon un communiqué publié sur le site internet de la FENVAC, que nous avons consulté le mardi 21 février 2023, il est fait mention de la surprise des victimes françaises et des associations des victimes à l'annonce du procès. Elles ne s'attendaient pas à la tenue du procès à cette période. Cette information tardive avait également obligé le ministère de la justice français à s'organiser pour permettre le suivi des audiences à distance par les victimes françaises ne souhaitant ou ne pouvant effectuer le déplacement en Côte d'Ivoire. Le communiqué stipulait que le ministère de la justice avait œuvré, au mieux, pour assurer la retransmission des audiences en France mais s'était heurté à de nombreuses difficultés telles que palier les contraintes techniques en Côte d'Ivoire ou encore trouver une salle de retransmission disponible en France. C'est pourquoi la retransmission n'avait été effective qu'au deuxième jour du procès, le 1er décembre. La retransmission avait été faite dans une salle du Tribunal de commerce de Paris.

Après la retransmission, il s'était posé le problème des horaires. Le procès se déroulant en début d'après-midi en Côte d'Ivoire. Il fallut encore une fois ouvrir un autre centre de retransmission dans la ville de Marseille où résident un bon nombre de victimes des parents. Malgré des circonstances peu favorables, le procès des attentats de Grand Bassam avait été bel et bien retransmis en France dans deux lieux distincts pour répondre à la localisation des victimes. Cet acquis fut le fruit d'une forte mobilisation de la Chancellerie, coopérant avec les acteurs de l'aide aux victimes tel que la FENVAC.

Qu'est-ce que la FENVAC ?

La Fédération Nationale des Victimes d'Attentats et d'Accidents Collectifs est « une organisation créée par des victimes pour des victimes dont le siège se trouve à 6 rue du Colonel Moll, 5017 Paris. Elle a été créée en 1994 par les victimes de catastrophes emblématiques survenues dans les années 80/90 : accident des autocars de Beaune, collision ferroviaire de la gare de Lyon, incendie des thermes de Barbotan, effondrement de la tribune de Furiani… »[5] Le constat partagé de toutes ces victimes est qu'il n'existe alors aucun dispositif spécifique de prise en charge et d'accompagnement, tant sur le plan administratif que médical ou encore judiciaire. Il faudra attendre 2004 pour que le ministère de la Justice publie le *Guide méthodologique de la prise en charge des victimes d'accidents collectifs* pour la rédaction duquel la FENVAC avait été largement consultée. En 1995, la FENVAC obtiendra du législateur le vote de l'article 2-15 du Code de procédure pénale qui permet aux associations de victimes d'une catastrophe de se constituer partie civile. La FENVAC porte la conviction que les victimes et familles de victimes doivent être

---

[5] La Fenvac en bref - FENVAC - Fédération Nationale des Victimes d'Attentats et d'Accidents

Collectifs (www.fenvac.com) consulté le 12/12/2022.

pleinement actrices des suites du drame qui les frappe. En tant que Fédération, **elle les incite et les aide à créer des associations et à ce jour plus de 70 associations ont rejoint la** FENVAC.

En 2011, à la demande des pouvoirs publics et de plusieurs victimes d'attentats, la Fédération élargit son périmètre d'intervention au terrorisme et devient la **Fédération nationale des victimes d'attentats et d'accidents collectifs.**

En novembre 2015, le Premier Ministre signe une nouvelle *Instruction interministérielle sur la prise en charge des victimes du terrorisme* qui reconnaît un rôle à part entière à la FENVAC. Elle devient membre de la nouvelle Cellule Interministérielle d'Aide aux Victimes (CIAV) et est aussi présente au sein du *Centre d'accueil des victimes*. Elle intègre également le *Comité interministériel de suivi*, présidé par la Secrétaire d'État d'aide aux victimes, qui a pour mission de s'assurer de la qualité de l'accompagnement des victimes. **Depuis vingt ans, la** FENVAC **est intervenue sur plus de 120 événements, en France et à l'étranger.** Au titre des catastrophes les plus récentes, elle a accueilli les victimes du crash Rio-Paris, de la tempête Xynthia, du déraillement de Brétigny, du crash du vol Air Algérie, etc.

Au titre du terrorisme, la FENVAC est aux côtés des victimes de tous les attentats récents (café Argana à Marrakech, janvier et novembre 2015, Thalys, Bruxelles) ainsi que des ex-otages.

VIII.3. Défense de l'avocat des victimes françaises

L'avocat des victimes françaises se leva du box des avocats de la défense, traversa la salle pour se mettre en face, juste à côté des quatre accusés. Il plaça son ordinateur, l'ouvrit et entama sa défense.

« Des hommes qui, la première fois, ont tué en Côte d'Ivoire au nom de la religion, ont tué au nom de la remise en cause du modèle de société que nous avons choisi. Pour la première fois, des individus s'arrogeant le titre de vie et de mort ôtaient la vie à leurs semblables au nom d'une prétendue idéologie.

Les enquêtes diligentées ont permis l'arrestation de plusieurs personnes traduites ici devant vous. Les personnes que je représente ici sont des victimes directes ou collatérales parce qu'elles ont subi des dommages moraux et psychologiques, c'est pourquoi elles se sont constituées partie civile car il y a lieu d'obtenir réparation de leurs différents préjudices. J'ai déjà versé à votre dossier les pièces dans ce sens. Ma prise de parole, Monsieur le Président permettra de justifier la responsabilité et le bien-fondé de cette constitution partie civile mais avant comme je vous l'ai dit en tant qu'Ivoirien, en tant qu'Avocat, en tant que musulman, il y a lieu ici de situer le contexte Monsieur le Président, mesdames et messieurs. Pour aborder cela, il y a lieu de faire un peu d'histoire, un peu de sociologie, peut-être même un peu d'anthropologie.

Mesdames et messieurs, la population ivoirienne, la Côte d'Ivoire dans laquelle nous vivons, je vous en donne les chiffres du dernier recensement ; 90% des populations croient en Dieu. Monsieur le président, vous avez 90% des pratiquants des religions qui cohabitent en parfaite symbiose dans les bureaux, dans les communes, dans les villes et les villages. Ils vivent ensemble en parfaite harmonie. Or ceux qui ont revendiqué cette attaque, se prévalent de la qualité de musulman. C'est pourquoi nous nous interrogeons (nous qui sommes musulmans) si ceux-là sont réellement des musulmans. Pour parvenir à une réponse légitime, analysons leur comportement au prisme de deux éléments, monsieur le Président. Le noble coran et la « Sunah » (les enseignements) du prophète Mohamed (SAW, paix et bénédiction sur lui, comme il est dit chez nous). Monsieur le Président, je verse au dossier, un exemplaire du noble coran qui est traduit en français. J'ai pris le soin de faire des marquages des différents faits évoqués. (Il se leva et alla remettre un exemplaire du noble coran au

Président du Tribunal et un autre exemplaire aux Avocats de la défense). Puis, il revint à sa place. Rassurez-vous tout ce qui sera dit en arabe sera traduit en français. En se basant sur le saint coran et la « Sunah » du prophète, nous nous interrogeons si ceux qui ont commis ces actes sont réellement des musulmans. Avons-nous lu le même livre ? Monsieur le Président, vous pouvez voir à la sourate 11 au verset 118 (lecture en arabe) : « Et si ton seigneur avait voulu, il aurait fait des gens une seule et même communauté ». Pourquoi alors, Allah, lui-même qui a décidé de faire de nous des communautés diverses, des individus s'arrogeant les prérogatives d'Allah, se prévalant d'un prétendu mandat divin se permettent-ils d'imposer une pensée unique sinon c'est la mort. Au nom de quoi ? Monsieur le président, poursuivons, à la sourate 49 verset 13, un joli verset qui a même servi à l'ouverture de la coupe du monde de football :

- « Oh ! Vous hommes ! Nous vous avons créés d'une humanité et nous avons fait de vous des nations des tribus pour que vous vous entre connaissiez. Le plus noble d'entre vous auprès de Dieu est le plus pieux ».

Mais ce n'est pas celui qui le clame, ni celui qui s'en vante. Donc la diversité, la multi culturalité est une richesse et c'est Dieu qui l'a voulu ainsi. Je répète donc la question alors qu'on nous dit que nous avons été créés dans la diversité au nom de quoi ont-ils tué ?

Monsieur le Président, je vais vous faire l'économie de mes dictions en arabe et aller directement à la traduction. Monsieur le Président il est dit au verset 50 de la sourate 5 :

-« À chacun de vous, nous vous avons assigné une législation et un plan à suivre ».

Il répète que si :

- « Dieu avait voulu il aurait fait de vous certes une seule communauté mais il veut vous éprouver ».

Cela veut dire que chrétiens et musulmans ont leurs législations. C'est d'ailleurs ce pour quoi les constitutions existent pour éviter la prévalence d'une religion sur une autre. Monsieur le Président, il continue et dit :

- « Certains croient et d'autres ne croient pas ».

C'est lui qui le dit. Cela se traduit dans la définition même du mot « Rahamane » qui signifie le miséricordieux. Il donne même à ceux qui ne croient pas en lui. Mais au nom de quoi, des hommes se disant lieutenant d'Allah sur la terre vont tuer d'autres au nom de leur opinion ? Monsieur le Président, je vais terminer par le verset 255 de la sourate 2. Dieu dit :

- « Il n'y a pas de contrainte en religion. »,

Il n'y a pas donc de contrainte dans l'islam. Si Dieu ne m'a pas contraint qui es-tu pour m'en contraindre ? Et sourate 5 verset 32, Dieu dit :

- « Quiconque ôte la vie à un être humain, a ôté la vie à toute l'humanité ».

C'est pareil si tu sauvais une personne. Monsieur le Président, au regard de ce qui précède, je peux vous dire qu'ils n'ont pas tué au nom de l'islam. Ils ne peuvent pas se prévaloir de l'islam. J'ajouterai qu'il n'y a pas deux versions ni trois encore moins quatre versions de l'islam. Vous trouverez juste une multitude de traductions et d'interprétations mais jamais deux versions du coran. Monsieur le Président, je vous raconte une histoire sur le prophète :

- « Le prophète, (que Dieu l'agréé auprès de lui) avait un oncle qui s'appelait Abdallah qui est resté non-musulman jusqu'à sa mort. Mais dans la tribu du prophète, il était interdit formellement de faire du mal au prophète parce qu'il était le neveu d'Abdallah. Quoique non-musulman, il avait donné la garantie au prophète qu'on ne toucherait pas à sa personne. Le prophète a vécu pendant dix ans à la Mecque où il était minoritaire avant d'immigrer vers Médine pour y mourir treize ans plus tard ».

En résumé, le prophète avait des non musulmans dans sa propre famille. Monsieur le Président, ceux qui ont tué ne peuvent pas se prévaloir de l'islam ni de la « Sunah » qui est la tradition du prophète Mohamed. Il a vécu avec eux malgré tout. Pourquoi toi, penses-tu que celui qui n'est pas musulman doit mourir ? Le prophète est arrivé dans la cité de Médine où vivaient des chrétiens, des juifs, des païens. Il a créé les conditions d'une coexistence pacifique. Pourquoi penses-tu que celui qui n'est pas musulman doit mourir ou même celui qui ne pratique pas exactement l'islam comme toi, doit-il mourir ? Voilà l'idéologie pour laquelle ils ont tué à Grand-Bassam. Monsieur le Président, je vais vous donner un dernier verset et ensuite donner un élément de droit. Le prophète Mohamed a dit :

- « Que toute personne qui croit en Dieu et qui croit au jour du jugement dernier en s'exprimant doit dire du bien sinon doit se taire (…) », hadith authentique rapporté par Al Boukary.

Alors s'ils ne peuvent pas se prévaloir de l'islam ni du prophète Mohamed, qui sont-ils donc ? Ce sont des criminels et rien d'autre. C'est un crime abject, c'est une attaque contre notre société, c'est une attaque contre la société dans laquelle nous vivons, c'est une attaque contre la sociologie qui nous gouverne. C'est une attaque contre notre mode de vie. C'est une attaque contre les Ivoiriens. C'est une attaque contre les musulmans de Côte d'Ivoire. C'est une attaque contre la Côte d'Ivoire et rien d'autre. Monsieur le Président, voici le contexte général situé, et il me tenait à cœur.

Monsieur le Président, je représente ici les parents directs des personnes décédées. Toutes ces personnes ont été dédommagées en France parce qu'il existe en France un fonds dédié à la prise en charge de ce genre de personne. Alors je ne réclamerai pas des dommages mais je réclame un franc symbolique pour montrer que nous ne sommes pas en train de prendre notre situation pour en faire du chantage. Aussi, qu'il leur soit reconnu le droit de se constituer partie civile. Toutes les personnes que vous avez à votre dossier excepté dame Kouamé Aya épouse Lanjou, se constituent partie civile et réclament le franc symbolique. Concernant madame Kouamé, nous l'avons dit, elle réclame à titre de dommages trente-six millions trente-huit mille six cent dix-huit francs (36 380 618 FCFA). Monsieur le Président, vous retiendrez que cette constitution de partie civile est recevable. Au terme donc de l'article 7 alinéa 1 et 8 du Code de procédure pénale parce que ces personnes constituent des parents directs de personnes décédées dans l'attentat. Je ne veux pas raviver la tristesse de ces évènements mais nous avons versé au dossier des éléments qui prennent en compte leurs auditions en France. Des éléments joints au dossier les relient directement aux personnes décédées. Au regard donc du nombre de personnes je vais vous faire l'économie des victimes.

Par contre la Fédération des victimes en France se constitue partie civile. Elle est dans ses droits. Ce crime est un crime contre l'humanité entière d'autant plus que les personnes directement visées sont de nationalité française (celles que je défends ici.) et dont je vous ai produit les éléments. Je vous donne quelques dates de naissance de certaines personnes décédées, 1938, 1941. Certains sont restés en Côte d'Ivoire pendant quarante ans. Leurs enfants ne connaissent que la Côte d'Ivoire. Ils sont à la retraite, alors, ils se retrouvent sur les plages pour faire des marches, du vélo et après vont prendre un café dans un restaurant ou déjeunent ensemble. C'est une tradition entre eux. Ils ont été tués parce qu'ils étaient là et les terroristes les ont vus. C'est tout leur crime. J'ajouterai qu'ils ont géré des entreprises en Côte d'Ivoire et créé des emplois. Ils se sentent ivoiriens dans l'âme. Ils sont d'ailleurs plus anciens ici que certains Ivoiriens. Il n'y a aucune motivation qui tienne, il n'y a pas de raison que ces gens s'en tirent à bon compte. Nous vous demandons l'application stricte de la loi pénale. Monsieur le Procureur, est-ce qu'il n'est pas rapporté ici leur implication directe et personnelle ?

Il se tourna vers les accusés et lança :

- « Vous saviez pertinemment ce qui était projeté, ce qui allait se passer et ce que vous faisiez. »

Puis de poursuivre, ils étaient venus chercher leurs galons de généraux chez nous dans cet attentat. Après un attentat, s'ils s'en sortent à bon compte, ils reçoivent des galons pour avoir réussi leur mission. Retirer leurs ces galons définitivement. Désavouez-les et appliquez à leur encontre de façon stricte la sévérité de la loi. Cela en vue de donner l'exemple au regard de l'historicité de ce procès. À la suite de cela, vous ferez droit à la demande de constitution de partie civile de mes clients mais par voie de conséquence pour que toutes les constitutions de partie civile que vous avez reçues soient crédibles, en accordant les demandes qui vous seront faites bien entendu. Monsieur le Président, vous aurez bien fait. Je vous remercie de votre aimable attention et nous avons fait.

MERCREDI 28 DÉCEMBRE 2022

ACTE VIII

IX. Mercredi 28 décembre 2022

IX.1. Acte VIII : Jour de délibération

Il était 12 heures 30 minutes, le hall de la salle d'audience commençait à refuser du monde. On constatait un attroupement d'hommes dans le hall. C'était inhabituel, ce mercredi 28 décembre 2022, jour d'audience des attentats de Grand-Bassam. Après avoir échangé quelques mots avec certains, on finit rapidement par comprendre. Il s'agissait des étudiants docteurs plus connus sous l'appellation « Le collectif des docteurs chômeurs ». Des étudiants titulaires du diplôme de doctorat et qui sont en quête d'un emploi d'enseignant. Ils seraient 3000 selon eux mais ils sont bien en deçà selon le ministre de tutelle. Ils seraient autour d'un millier. Leur occupation importante du hall est relative au procès de quarante-six d'entre eux qui avaient été arrêtés la veille, lors d'une manifestation non autorisée. Depuis des mois, ils faisaient le bras de fer avec leur ministère de tutelle quant à leur intégration dans la fonction publique. Le dispositif impressionnant des forces de sécurité se noyait dans la masse estudiantine. Parmi eux, se confondaient des journalistes suivaient le procès depuis le début mais également d'autres qui étaient venus pour entendre le verdict final. Ils se trouvaient aussi des témoins des attentats qui s'étaient succédés à la barre durant les audiences du procès. Seulement, ceux qui avaient suivi les audiences auraient pu les reconnaître. Des journalistes les avaient repérés puis identifiés et prévoyaient de les interroger à l'issue de cette dernière audience.

13 heures 40 minutes, ouverture de la salle d'audience. Les agents en charge de la sécurité demandèrent de constituer des rangs pour accéder à la salle. Une petite bousculade était perceptible. Il n'y avait pas assez de place dans la salle et personne ne voulait se faire raconter l'audience. Sauf qu'il ne s'agissait pas de l'audience des quarante-six docteurs chômeurs arrêtés la veille. Les journalistes risquaient de ne pas avoir de places dans la salle alors l'un d'eux souffla à l'un des agents chargés de faire la fouille au corps de faire le distinguo. Il donna l'information à haute voix. Des étudiants curieux étaient entrés dans la salle malgré tout pour assister à l'audience.

« Mesdames et messieurs, veuillez-vous asseoir et faisons-en sorte que nos téléphones portables ne sonnent pas sinon nous ferons en sorte que cette consigne soit respectée. Nous sommes en pleine session et ce jour est jour d'audition pour d'autres affaires. Lorsque nous aurons délibérés, nous suspendrons la séance pour continuer peut-être hors du public. À la suite, il devrait se tenir une audience des flagrants délits mais pour l'heure, ce qui nous réunit ; le Tribunal vous demande de vous mettre debout messieurs. » avait introduit le juge BINI.

Le Procureur de la République planta le décor avec un rappel des faits et du contexte de l'audience. Après cela, le Président du Tribunal attaqua :

- « Le Tribunal appelle à la barre ceux qui, pour leur dernière semaine comparaissent. J'ai nommé KOUNTA Sidi Mohamed, CISSE Mohamed, BARRY Hassan et CISSE Hantao Ag Mohamed. Vous pouvez vous asseoir messieurs. C'est une audience et les consignes restent les mêmes. Faisons-en sorte que notre téléphone portable ne sonne pas. C'est une doléance, au besoin, nous procéderons autrement pour faire entendre cette consigne-là. Monsieur le Procureur, le Tribunal voudrait aussi informer que nous sommes en pleine session et ce jour est un jour d'audience pour d'autres affaires. Dès que nous rendrons nos décisions parce que nous avons délibéré, nous suspendrons pour continuer hors public si nécessaire. Et après, il devrait se tenir ici, une audience des flagrants délits. Ce sont des consignes et des informations à l'endroit de ceux qui sont ici. Mais pour l'heure, le Tribunal vous prie de vous mettre debout s'il vous plaît !»

IX.2. Verdict du Tribunal criminel

Le Tribunal, après délibération conforme à la loi, statuant publiquement par défaut à l'encontre de KOUNTA Dallah, OULD Mohamed Ibrahim, HAMZA Ben Mohamed, MINY Baba Ould El Moctar, Allou DOUMBIA, DICKO Midi, CISSE Sidi, DIALLO Ali, GUAYE Oumar, KANDIALLO Mamadou, HAIDARA Boubacar Mahadi, KONE Souleimin Moussa, Yanourga KONE et CISSE Aly et par décision contradictoire à l'égard de KOUNTA Sidi Mohamed, CISSE Mohamed, BARRY Hassan et CISSE Hantao Ag Mohamed, en matière criminelle et en premier ressort déclare ;

CISSE Sidi, DIALLO Ali, GUAYE Oumar, KANDIALLO Mamadou, HAIDARA Boubacar Mahadi, KONE Souleimin Moussa, Yanourga KONE et CISSE Aly, non coupables des faits d'assassinat de tentative d'assassinat, d'acte terroriste, de détention d'armes à feu et de munitions de guerre, faits portés à leur charge. Le Tribunal ne les en reconnaît pas coupables et les acquitte en conséquence.

En revanche, le Tribunal déclare ; KOUNTA Dallah, KOUNTA Sidi Mohamed, CISSE Hantao Ag Mohamed, BARRY Hassan, OULD Mohamed Ibrahim, HAMZA Ben Mohamed, MINY Baba Ould El Moctar, Allou DOUMBIA, CISSE Mohamed et DICKO Midi, sont reconnus coupables des mêmes faits ci-dessus évoqués tels qu'ils sont prévus et punis par les articles 24 , 27, 28, 29, 30,342 deuxièmement, 343,348 du Code pénal ancien, 5,13,14, la loi 98,79 du 29 décembre 1998 portant répression des infractions à la réglementation sur les   armes, munitions et substances explosives ainsi que la loi 2015-493 du 7 juillet 2015 portant répression du terrorisme.

En répression, condamne ceux-ci, ceux donc qui sont reconnus coupables à l'emprisonnement à vie, leur fait privation de leurs droits prévus à l'article 68 du Code pénal pendant 10 ans et également interdiction du territoire de la république de Côte d'Ivoire pendant 5 ans.

Reçoit en leur fonction de partie civile, la Fédération Nationale des Victimes d'Attentats et des Accidents Collectifs (FENVAC), Monsieur Mamadou   CAMARA,   Monsieur   Laurent LANJOU, Monsieur Noah LANJOU (mineur au moment des faits) représenté par son père , Mademoiselle Lena LANJOU (mineure au moment des faits) représentée par son père, Madame KOUAME Aya épouse Lanjou, Madame CLOE Arnaud, Madame Nathalie CHARPENTIER, Messieurs Julien ROUSSLOW, Kouadio Cristian GBERY Tatiana, GNAHI Benvé, TIAMA Yaya, TIAMA Abdoul Aziz, AKA Ditch Mathurin ,AKA Ange Emmanuel, AKA Manfoa Line Christiane, AKA Harvey Cédric, COLLEN Patrick, FADE Arouna, Mesdames AMOIKON Kouadja Jeanne, FOUATI Alida Bénédicte, KOUAMENAN Kouakou Bertin,

Mme SAYI Louise Marta et YAMEOGO Juliette les y dits bien fondés.

En conséquence condamne KOUNTA Dallah, KOUNTA Sidi Mohamed, CISSE Mohamed, BARRY Hassan, CISSE Hantao Ag Mohamed, OULD Mohamed, HAMZA Ben Mohamed, MINY Baba Ould El Moctar, Allou DOUMBIA et DICKO Midi à leur payer solidairement et ce, à titre de dommages et intérêts les sommes qui suivent :

-Au profit donc de la FENVAC, un franc symbolique, à Monsieur Mamadou CAMARA un franc symbolique à Monsieur Laurent LANJOU, un franc symbolique à Monsieur Noah LANJOU, un franc symbolique à Mademoiselle Lena LANJOU, un franc symbolique à Madame KOUAME Aya épouse Lanjou, 10 millions de francs CFA à Madame CLOE Arnaud, un franc symbolique à Nathalie Charpentier, un franc symbolique à Monsieur Julien ROUSSLOW, un franc symbolique à Monsieur Cristian GBERY Catel, 50 millions de francs CFA à Monsieur GNAHI Belvé, 10 millions de francs CFA à Monsieur TIAMA Yaya, 30 millions de francs CFA à Monsieur TIAMA Aziz, 10 millions de francs CFA à monsieur AKA Ditch, 10 millions de francs CFA à Monsieur AKA Ange Axel Emmanuel, également 10 millions de francs CFA à Madame AKA Benfoa Line Christiane, 10 millions de francs CFA à Monsieur AKA Harvey Cédric également, 10 millions de francs CFA à

Madame AMOIKON Kouadja Jeanne, 20 millions de francs CFA à Monsieur COLLEN Patrick, 50 millions de francs CFA à Madame FOUATI Fouazan Alida, 30 millions de francs CFA à Monsieur KOUAMENAN Kouakou Bertin, 10 millions de francs CFA à Madame SAYI Louise Marta, 5 millions de francs CFA à Madame YAMEOGO Juliette à Monsieur FADE Arouna 10 millions de francs CFA.

Le Tribunal décerne par contre des mandats d'arrêts à l'encontre de KOUNTA Dallah, OULD Mohamed Ibrahim, HAMZA Ben Mohamed, MINY Baba Ould El Moctar, Allou DOUMBIA et DICKO Midi.

Enfin, le Tribunal condamne aux entiers dépens de cette instance tous les accusés reconnus coupables à savoir KOUNTA Dallah, KOUNTA Sidi Mohamed, CISSE Mohamed, BARRY Hassan, CISSE Hantao Ag Mohamed, OULD Mohamed Ibrahim, HAMZA Ben Mohamed, MINY Baba Ould El Moctar, Allou DOUMBIA et DICKO Midi et nous avons ainsi jugé.

Le Président du Tribunal fit venir vers lui les Conseils pour les informer du recours dont il disposait après sa décision. Il les interrogea s'ils acquiesçaient du jugement rendu ? Les avocats de la défense proposèrent de lui revenir.

Le Président du Tribunal :

- « Les Conseils, vous disposez de recours mais avant, acquiesciez-vous à ce jugement ? »

Le Conseil des Avocats :

- « Monsieur le Président, nous allons aviser. »

Le Président du Tribunal :

- « Cela est d'une sagesse d'Avocat. Imbattable donc. Maître consignez que le Conseil d'Avocat va aviser quant à l'acquiescement ou non. Et faites-nous signe lorsque vous jugerez qu'il n'y a pas lieu de souscrire à notre décision de justice. Vous connaissez les délais de recours »

Le Procureur :

- « M. le Président, le parquet voudrait marcher sur votre langue en disant qu'il est vrai qu'avec votre délibéré qui a été lu, ce dossier prend fin mais le Tribunal qui a commencé son envol, n'a pas encore atteint son point de chute. D'autres procédures après ce dossier, vont être appelées à la barre de votre Tribunal. Le ministère public pourra faire appeler, les autres procédures.

Le Président du Tribunal :

- « Merci au Tribunal, l'audience est suspendue pour ce dossier-ci »

Les journalistes se pressent de faire des photos et se précipitent vers les Avocats de la défense. Ils étaient six dans le box. Caméras, magnétophones et téléphones se braquent en direction de Maître Éric SAKI qui se tenait debout dans son box pour recueillir son commentaire sur la décision du juge. La petite interview pouvait alors débuter :

- « Avant tout propos, permettez que l'on puisse remercier le bâtonnier de l'ordre des avocats Maître Claude MENTENON et son Conseil qui ont bien voulu nous désigner Maître Dégé KOUASSI et moi-même et les Maîtres Réné et DIABY à l'effet d'assurer la défense des personnes accusées. Je dirai merci à l'ensemble des Avocats de Côte d'Ivoire qui parcourent tout le territoire national Korhogo, Bouaké, Man, Daloa pour assurer la défense de nos concitoyens. Il me tenait à cœur de les remercier pour le travail qu'ils abattent. Au-delà du Tribunal Criminel d'Abidjan, il y a d'autres Tribunaux Criminels et nous faisons du mieux pour mener notre sacerdoce. Relativement à notre point de vue, nous avons un sentiment mitigé car de dix-huit accusés, vous avez remarqué qu'il y a onze qui ont été condamnés à vie y compris ceux qui étaient présents à la barre au nombre de quatre. Nous estimons que le Tribunal aurait dû aller jusqu'au-delà de sa démarche. Hélas ! Nous en prenons acte mais nous ne désespérons pas car il y a des voies de recours et comme nous sommes dans une commission d'office, nous allons donc rendre compte au bâtonnier de l'ordre des Avocats qui a bien voulu nous confier cette tâche. Il lui revient de droit sinon il a la latitude de nous donner les directives, s'il nous faut continuer ou confier le dossier à d'autres confrères afin d'assurer au mieux la défense des accusés. Mon sentiment est mitigé. Je suis heureux pour ceux qui ont été totalement blanchis pour ceux qui ont bénéficié de la décision d'acquittement mais je suis triste pour ces quatre personnes qui auraient dû bénéficier de la décision d'acquittement. Cependant, le chemin est encore long. Le tribunal a rendu aujourd'hui sa décision, demain on avisera et une décision sera prise après le rapport au bâtonnier des Avocats. »

Un journaliste de la presse étrangère lui demanda les recours dont il disposait vu qu'il en avait parlé :

« Le recours immédiat, c'est l'appel. Les textes ont prévu le recours pour la décision de l'appel. Mais comme je vous l'ai dit c'est le bâtonnier qui appréciera de la suite du dossier c'est-à-dire si nous continuons ou pas. »

Un autre journaliste de la presse étrangère lança après son confrère, combien de temps disposez-vous pour faire le recours ? :

- « Nous disposons de vingt jours »

- « Qu'entendez-vous par aller jusqu'au bout ? :

- « Écoutez, vous avez entendu parler d'acquittement, alors pour nous les quatre accusés auraient dû être également acquittés c'est pourquoi nous avons dit que le Tribunal aurait dû aller jusqu'au bout. Mais, nous n'allons pas être mauvais perdant surtout que nous avons d'autres recours. »

La salle redevient bruyante après l'optimisme de l'Avocat de la défense. Les quatre inculpés pendant ce temps avaient été éconduits de la salle, menottés, après s'être entretenus brièvement avec leur Avocat. Ils n'affichaient pas d'émotion. Peut-être savaient-ils leur sort déjà sceller ? Ils étaient tous les quatre calmes avec la sérénité habituelle des jours d'audience.

Pendant ce temps, la salle grouille de monde, des étudiants qui étaient venus soutenir leurs camarades docteurs, arrêtés la veille lors d'une marche pour réclamer leur chômage. Ils sont quarante-six. Quarante-six comme les quarante-six soldats qui étaient détenus depuis cinq mois à Bamako. D'ailleurs, dans le hall de la salle du Tribunal, on entendait des gens ironiser.

Le Mali maintenait en prison quarante-six soldats ivoiriens et quarante-six étudiants étaient détenus ici au Tribunal en passe d'être jugés. Seraient-ils condamnés comme les quarante-six soldats ? Cela semblait amuser certains étudiants.

La salle se vida peu à peu. Les quatre accusés se levèrent du box pour rejoindre le centre de la salle. Ils avaient l'air insensibles à ce qui leur arrivait. Menottes aux poignets, ils échangèrent brièvement avec leur Avocat. Il leur parla à l'oreille en se tenant tout près d'eux. Les journalistes venus nombreux pour ce dernier jour d'audience, immortalisaient les derniers instants. Ils sortaient leurs téléphones portables des poches pour capturer des images. D'autres plaçaient leurs caméras pour des enregistrements.

Les témoins étaient aussi le sujet des journalistes qui se ruaient vers eux pour avoir leur avis sur l'issue du procès.

Patrick COLLEN :

- « Je suis satisfait du verdict mais il faut que la justice aille jusqu'au bout car il n'y avait que quatre accusés dans le box alors qu'une dizaine d'accusés est en cavale ou en prison hors du pays. Il faut donc vite les ramener en Côte d'Ivoire pour les juger. »

Madame Aka, mère de AKA Ditch Mathurin :

- « Je suis soulagée de l'issue du procès des attentats de Grand-Bassam mais cela ne résout rien parce que mon fils a été traumatisé pendant plus d'un an et demi après l'attaque et continue de l'être encore aujourd'hui. Je rends gloire à Dieu malgré tout puisqu'il a été épargné des tueries. »

X- 4. Liste des dix-neuf personnes tuées à Grand-Bassam

« Onze Ivoiriens, majoritairement des jeunes. »[6]
- Salimata TRAORE, 23 ans.
- Carole Kouma ABENAN, 24 ans.
- Emile Djo BI DJO, 26 ans.
- Sidney EHUI, 33 ans, était employé à l'Église internationale World Mission Agency d'Abidjan. Selon un de ses proches, Sidney était à Grand-Bassam pour participer à l'anniversaire de la fille de son frère cadet. Vu le retard occasionné par l'arrivée des invités, il avait choisi de faire un tour à la plage. C'est à ce moment que les terroristes ont frappé.
- Souleymane BAKAYOKO, 22 ans.
- Ousmane SANGARE, 16 ans.
- Oumar DIARRASSOUBA, 23 ans.

Un homme dont le corps a été rejeté par la mer dans la nuit du 15 au 16 mars.
- Abassi OUATTARA Moussa, membre des forces spéciales.
- Gervais Kouadio N'GUESSAN, membre des forces spéciales.

---

[6] *-https://www.lemonde.fr/afrique/article/2016/03/15/attentat-de-grand-bassam-qui-sont-les-18-victimes-des-attaques-du-13-mars_4883424_3212.html* (consulté le 20 /12/2022).

- Ahmed DIOMANDE, membre des forces spéciales.

Quatre Français installés de longue date dans le pays

Les victimes françaises sont pour la plupart des personnes installées en Côte d'Ivoire depuis de nombreuses années.

- Jean-Pierre ARNAUD, retraité de 75 ans, s'était établi au bord de la lagune Ebrié depuis plus de trente ans.
- Jean-Edouard CHARPENTIER, 78 ans, était un ami de Jean-Pierre Arnaud et est décédé à ses côtés.
- Franck HAMED, 53 ans, consultant pour la société 'Polyconseil', une filiale du groupe Bolloré.
- Frédéric LAMBERT, 63 ans, dirigeait une entreprise informatique. Il était présent dans le pays depuis près de trois décennies.

Une Macédonienne, volontaire des Nations-Unies Nation Unies

- Anita Andreevska MITROVSKA était une ressortissante macédonienne en service auprès de la mission des Nations Unies en Côte d'Ivoire (ONUCI). L'organisation a annoncé son décès mardi dans un communiqué. Selon la mission, elle était arrivée à Abidjan en décembre 2015 en tant que manager du camp d'Abobo-Anonkouakouté (nord d'Abidjan) et faisait partie de la section Ingénierie du programme des Volontaires des Nations Unies (VNU).

Une Allemande, directrice de l'Institut Goethe
- Henrike GROHS, 51 ans, était la directrice de l'Institut Goethe d'Abidjan, qu'elle dirigeait depuis deux ans. L'annonce de son décès a provoqué une onde de choc dans le milieu culturel, où elle était très appréciée. L'établissement a été temporairement fermé mardi.

Un Libanais né en Côte d'Ivoire
- Toufic HAYEK, 54 ans, était né en Côte d'Ivoire et originaire de Nabatieh, au sud du Liban. Le ministère libanais des affaires étrangères a confirmé son décès dimanche. Cinq Libanais figurent également parmi les blessés dont l'un était dans un état critique.

Un jeune Nigérian

- Adekunli SARIKOU, 25 ans.

Les identités des trois terroristes dévoilées par AQMI
Mardi, Al-Qaida au Maghreb islamique (AQMI) a révélé dans un communiqué les noms de trois djihadistes auteurs des attaques de Grand-Bassam. Il s'agit de Hamza AL-

FOULANI, Abderrahmane AL-FOULANI et d'Abderrahmane AL-ANSARI. Dans la terminologie djihadiste, le nom « *Al-Ansari* » désigne des combattants autochtones et le terme « *Foulani* » désigne les Peuls, une ethnie présente dans une grande partie de l'Afrique de l'Ouest dont le Burkina Faso.

BIBLIOGRAPHIE ET WEBOGRAPHIE

1.*Attentat à Grand-Bassam : le dimanche d'Alassane Ouattara – Jeune Afrique.* Consulté le 20 mars 2023.

2._*Extrait de l'ICOMOS n°1322 rev Grand-Bassam (CI), International Council on Monuments and Sites-Issu,* publié le 23/06/2020.

3.(International Journal Of Space and Urban Territory, Brekoum K-D, 2020.)

4-*La Fenvac en bref - FENVAC - Fédération Nationale des Victimes d'Attentats et d'Accidents Collectifs*

5-
https://www.lemonde.fr/afrique/article/2016/03/15/attentat-de-grand-bassam-qui-sont-les-18-victimes-des-attaques-du-13-mars_4883424_3212.html

TABLE DES MATIÈRES